WHO COOKED ADAM SMITH'S DINNER?
A Story About Women and Economics

Katrine Marçal
translated by Rico Takahashi

アダム・スミスの夕食を作ったのは誰か？

カトリーン・マルサル
高橋璃子 訳

河出書房新社

これからの経済と女性の話

もくじ

装幀　大倉真一郎

アダム・スミスの夕食を作ったのは誰か？

プロローグ

経済と女性の話をしよう

フェミニズムはつねに、経済を語ってきた。ヴァージニア・ウルフは女性に「自分ひとりの部屋」が必要だと説いたが、そのためにはお金がかかる。

19世紀後半から20世紀初頭にかけて、女性たちはさまざまな権利を手に入れるために立ち上がった。相続権、財産の所有権、起業する権利、お金を借りる権利、就職する権利、同一労働同一賃金。お金のためではなく愛のために結婚できる経済力。

フェミニズムは今も、お金をめぐって進行している。

ここ数十年のフェミニズムの動きは、男性の持っているお金や特権を女性が手に入れ、そのかわり男性に「人前で泣く」などのソフトな権利を与えましょうということだった。少なくとも一部ではそう言われる。

ただし、話はそんなに簡単ではない。

２００8年9月15日、米国の投資銀行リーマン・ブラザーズが経営破綻したことはまだ記憶に新しい。

それをきっかけに、世界中の銀行や保険会社が立てつづけに倒産した。数百万人が職を失い、貯蓄を失った。人々は家から追いだされ、国々は破綻の危機に追いこまれ、市場は混乱を極めた。ショックは市場から市場へ、国から国へと波及し、世界経済のシステム全体が足場を失って崩れ落ちるかに思われた。

信じられない光景だった。

私たちがまじめに働いていれば、黙って税金を納めていれば、すべてうまくいくはずではなかったのか。

みんなそう言っていたじゃないか。

でも、それは嘘だった。

金融危機を受けて、各地で数々の国際会議が開かれた。数えきれないほどの書籍が金融危機を分析し、従来のしくみの欠点を指摘した。保守派の政治家からローマ教皇まで、あらゆる人がいっぺんに資本主義を批判しはじめたかのようだった。今回のできごとはパラダイムシフトをもたらす、と誰もが言った。もはや世界の枠組み自体が大きく変わらざるをえない、と。国際金融システムの改革が必要だ。経済は新たな価値に率いられねばならない。貪欲さ、所得格差、グローバルな経済格差といった話題がメディアを賑わせ、中国語で危機を表す単語は「危険」と「チャンス」の組み合わせなのだ、という豆知識が何かの合言葉のように繰り返された（ちなみにそれは正しくない）。

危機はやがて過ぎ去った。金融セクターは回復し、企業の利益や人々の給料、配当やボーナスも以前の水準に戻った。

もはや消え去るしかないと思われた経済のしくみとストーリーは、金融危機を経てもなお、踏みとどまった。奇跡的な図太さだった。なぜ災害級の危機でさえそれを変えられなかったのか？

さまざまな答えが考えられる。本書ではそのうちの、ひとつの視点を紹介したい。

ジェンダーだ。それを本気で掘り下げてみたい。

もしもリーマン・ブラザーズがリーマン・シスターズだったなら、あのような形での金融危機は起こらなかったはずだ、と当時フランスの財務大臣を務めていたクリスティーヌ・ラガルド〔もと国際通貨基金（IMF）専務理事。2021年現在、欧州中央銀行総裁〕は言った。(1) もちろん（半分は）冗談だろう。

経済危機をほぼ無傷で乗りきった数少ない投資銀行のひとつ、アイスランドのオイズル・キャピタルは女性だけで経営されている、とラガルドは指摘する。テストステロン値の高い男性ほどリスクを取りたがる傾向が強いという研究結果もある。(2) 金融セクターの過剰なリスク志向が危機を招いたのだとすれば、男性はホルモンの影響が強すぎて、経済を動かすのに向いていないんじゃないだろうか?

別の研究によると、女性も男性と同じくらいリスク志向になることはあるが、それは排卵が起こる時期だけだという。(3) つまり男性はいつでも排卵期の女性と同じような状態だから、あんな金融危機を起こしてしまったのだろうか。月経周期と景気サイクルの謎めいた関係とはいったい?

また別の研究によると、女子校に通う女子は男子と同じくらいリスク志向であるらしい。一方、共学校の女子はリスクを避ける傾向がある。「男対女」の社会規範がどうやら肝《きも》になっているようだ。(4) 少なくとも、異性の見ている前では。

こうした話を冗談と笑ってもいいし真《ま》に受けてもいいが、ひとつ、確かなことがある。リーマン・ブラザーズは、けっしてリーマン・シスターズではありえなかったという事実だ。

女性がウォール街を支配する世界がもしあったとしても、それは私たちの生きる現実とはあまりにもかけ離れているため、比較してもまったく意味がない。リーマン・シスターズという名の投資銀行が米国の住宅バブルに直面する瞬間をつくりだすためには、それに先立つ数千年の歴史を書き換えることから始めなくてはならない。

男を女に入れ替えればいいというような、単純な話ではないのだ。

＊

経済と女性の話はそれよりもずっとスケールが大きい。

フェミニズムの歴史は、二百年以上前にさかのぼる。賛否はどうあれ、フェミニズムが私たちの時代の非常に大きな民主的・政治的ムーブメントであることは事実だ。またフェミニズムは、前世紀でおそらく最大の経済的変化に寄与してきた。

その変化は一般に、こんなふうに語られる。

「60年代に女性が働きだした」

だが、その言い方は正しくない。女性は１９６０年代になって急に働きだしたのではないし、第二次世界大戦のときでもない。

女性はいつだって働いていた。変わったのは仕事の種類だ。

家の仕事をするかわりに、女性は労働市場に出ていって労働の対価を受けとりはじめた。看護や介護や教師や秘書の仕事をするかわりに、医師や弁護士や海洋生物学者になって男性と張り合いはじめた。

社会と経済にとって、これほど大きな変化もなかった。人口の半数が、おもな仕事の場を家庭から市場へと移したのだ。

私たちはそれと知らずに、ひとつの経済システムから別のシステムへと移行していた。と同時に、家庭のあり方も変化した。

1950年頃まで、アメリカ人女性は平均で4人の子どもを産んでいた。ところが現在では、2人にまで減少している。

英国と米国では、女性の出生パターンと教育水準とのあいだに明らかな相関がある。高学歴の女性は子どもの数が少なく、出産年齢が高い。低学歴の女性は子どもの数が多く、出産年齢が低い(5)。

世間はその両者に悪いイメージをつけたがる。

泣き叫ぶ子どもをブリーフケースに入れたキャリア・ウーマン。40歳になってようやく出産したものの、世話をする時間もない。利己的で無責任な、悪い母親。

公営住宅に住み、生活保護を受けている若いシングルマザー。こちらも利己的で無責任な、悪い母親。

大規模な変化が現在進行形で起こっているというのに、世の中の議論はたいていそこに行き着いてしまう。女性に対して、あるいはそのカリカチュアに対して、ああすべきこうすべきという外野の意見。

子育て支援に巨額の予算を注ぎ込んでいる北欧では、学歴による女性の出生パターンの変化は見られない。一般に、北欧の女性は英米よりも多くの子どもを産む。ところが誉《ほま》れ高い北欧の国々でさえ、女性の賃金は男性より低く[6]、上級管理職のポジションにいる女性の数も他国にくらべて多いとは言えない実情がある[7]。

なぜそうなるのだろう。どこかに解けない数式が隠れているのではないか。

正体が何であれ、それが経済学の方程式であることはまちがいない。

経済学は人を怖気《おじけ》づかせる。

難解な用語、あふれる威厳、立派な儀式、どこまでも深い謎。金融危機にいたる時期、経済学は専門家にしか扱えない領域だった。素人の手に負える話じゃない、すべて専門家にまかせておけばいいんだと言われてきた。中央銀行の総裁がセレブ扱いされ、我々の文明を救った英雄としてタイム誌の表紙を飾る時代だった［第14代ＦＲＢ議長ベン・バーナンキが2009年にタイム誌の「今年の人」に選ばれている」。

そんな時代は過ぎ去った。

本書が描きたいのは、誘惑の話だ。ある経済学の見方が私たちを狡猾《こうかつ》に言いくるめた話だ。それはどうやって私たちの皮膚にもぐりこみ、ほかの価値観を制圧し、世界経済にとどまらず私たちの日常をも支配するようになったのだろうか。それは男と女についての話だ。おもちゃに現実の力を与えると支配されてしまうという話だ。

きちんと筋が通るように、そもそもの最初から話を始めたい。

第1章 / Chapter One /

アダム・スミスの食事を作ったのは誰か

食事をどうやって手に入れるか？

これは経済学の根本的な問題だ。シンプルに見えるが、答えるのはとても難しい。日々消費するもののうち、私たちが自分で生産するのはごく一部。ほとんどのものは買って手に入れる。キッチンの棚にあるパンも、明かりをつけるための電気もそうだ。そのパン1斤や電気1キロワットを生産するためには、世界各地の数千人の人たちが力を合わせる必要がある。

農家の人は小麦を栽培し、パン工場に売る。別の企業はパンを包むための袋をパン工場に売る。パン工場はスーパーマーケットにパンを売り、スーパーマーケットはあなたにパンを売る。ほかにも農家に道具や機械を売る人、食品配達のトラック運転手、そのトラックの整備士、お店を掃除する人、荷物を開梱して並べる人。

誰が欠けても、スーパーの棚にパンは並ばない。

こうした生産と流通のプロセスは、時間どおりに、正しい順番でおこなわれなくてはならない。パンだけでなく、書籍も、バービー人形も、爆弾も、風船も、私たちが売買するすべてのものに言えることだ。現代の経済は、とても精巧にできている。

そこで経済学者は考える。何がその秩序を可能にしているのだろう？


経済学とは「愛の節約」を研究する学問だ、(1)と人は言う。

つまりこういうことだ。愛は希少である。隣人を愛するのは難しいし、隣人の隣人を愛するのはもっと難しい。だから愛を無駄づかいしてはいけない。もしも愛を社会の燃料にするなら、私生活に使える愛がなくなってしまう。愛はなかなか見つからないし、消えやすい。だから愛の代わりに、何か別のもので経済を動かす必要がある。でも、何を使って？

「利益の追求」はどうだろう。利己心ならいくらでもあふれているじゃないか。

1776年、経済学の父と呼ばれるアダム・スミスは、現代の経済学を決定づける一文を書いた。

「我々が食事を手に入れられるのは、肉屋や酒屋やパン屋の善意のおかげではなく、彼らが自分の利益を考えるからである」

アダム・スミスによれば、肉屋は顧客を満足させるために働くが、それは結局お金を手に入れるためである。酒屋もパン屋も、人を喜ばせるためではなく、利益を上げるために働いている。おいしいパンができれば、たくさんの人がそれを買うだろう。だからパン屋は、買ってもらうためにおいしいパンを焼くのだ。買った人がおいしい食事を楽しむかどうかは関係ない。それはモチベーションにならない。人を動かすのは、利己心だ。

利己心は信用できる。しかも尽きることがない。

それに対して愛はどうだ。そもそも少なすぎる。みんなに流通させるほどの量がない。ここぞというときのために、大事にしまっておくべきじゃないか。腐らないように、しっかり封をして。

＊

問題　長さ100メートルで、カタツムリみたいにのろくて、キャベツしか食べないものはなーんだ？

答え　ソビエト連邦で食品を求める人の行列[2]

私たちは旧ソ連のような状態になることを恐れる。

アダム・スミスは自由市場こそが効率的な経済の鍵だと説いた。自由と自律を推進する彼の思想は画期的だった。もう面倒な義務や規制はいらない。市場が自由に動けるようにしてやれば、経済は効率よく回りだし、かぎりない利己心を燃料にして正確に動きつづけるはずだ。みんなが自分の利益のために動けば、みんなが必要なものを手に入れられる。キッチンの棚にはパンがあり、電気はいつでも流れてくる。今夜の食事にもありつける。

一人ひとりの利己心が集まれば、すべてはうまくいく。まわりのことなんか誰も気にしなくていい。まるで魔法のようなこの理論は、現代でもっとも広く支持される物語となった。

利己心が世界を動かすのだ。初期の経済学者はそう確信した。

「経済学の第一原理は、各人が自己利益のみにもとづいて行動することである」[3]と19世紀の経済学者は書いている。経済を支えるのは花《か》崗岩《こうがん》のようにモザイクをなす自己利益の粒子だ[4]。なんとも見事な光景ではないか。

経済学は、お金の話ではない。それは最初から、人間についての話だった。ある状況から利益を得るために、人はどう行動するか。それが経済学の核心である。どんな状況であっても、私たちは利益を得なくてはならない。それがどんな結果をもたらそうとも。

現在広く受け入れられている経済理論はここから出発している。「経済学的に考える」と私たちが言うとき、そこには誰もが利益のために行動するという前提がある。理想的ではないかもしれないが、実際そういうものだ。現実を見てみろ。道徳は世の中がどうあってほしいかを語るが、経済学は世の中が実際にどうなのかを語るのだ。(5)

少なくとも、経済学者はそう考えている。

とにかく利益を考えて動け。そのほかは気にしなくていい。利己的に動けば全体がうまくいく。見えざる手がうまく調整してくれる。

なんとも不思議な話ではあるが、神の言うことはいつも謎めいているものだ。

「見えざる手」ほど有名な経済学用語もないだろう。アダム・スミスがこの言葉をつくり、のちの経済学者がそれを広めた。(6) 見えざる手は名前のとおり見ることもふれることもできないけれど、すべてを導き、整え、正しい方向に進ませてくれる。それは上から支配するのでもなければ外から干渉するのでもない。指図も邪魔もしない。それは個人の行動や選択のあいだに立ち現れ、システムを内側から動かす力である。

実際のところ、アダム・スミス自身はこの言葉をそれほど重視していなかった。『国富論』のなかで見えざる手という言葉が使われたのは一か所だけだ。しかし現在では、それがあたかも経済学の礎《いしずえ》であり、経済学の宇宙そのものであるかのように語られる。

＊

アダム・スミスが見えざる手という言葉を使う一世紀前、アイザック・ニュートンは主著『自然哲学の数学的諸原理』を書き上げた。

天文学者で数学者で自然科学者で錬金術師でもあったニュートンは、月が地球のまわりを回るしくみを科学的に説明してみせた。惑星の運動も、リンゴが地面に落ちるのも、働いている力は同じ。万有引力がすべてを動かしているのだ。

ニュートンはこうして現代科学の基礎を打ち立て、私たちの世界観を書き換えた。

当時、数学は神聖な言語と考えられていた。神の書いた「自然という書物」は、数学を通してこそ読み解ける。神はそのために人に数学を与え給《たも》うたのだ。だからニュートンの発見は、世界を恍惚《こうこつ》とさせた。

アダム・スミスもおそらく、すっかり心酔した。

神だけが知っていた太陽系のしくみは、科学の手に引き渡された。それまで世界は神の手のなかにあった。神は世界に介入し、意見を表明し、海を割り、山を動かし、毎日せっせと無数の花を咲かせていた。でもニュートン以降の世界は時計じかけで勝手に動き、それをつくった神は何も手を出す必要がなくなった。

世界は精巧な装置となり、巨大な部品がうなりを上げる機械となった。世の中のすべてはニュートンが天体を説明したように説明できるはずだ、と同時代の知識人たちは考えた。ニュートンは自然の法則を解明することで、神の真意を明るみに出したのだ。

だとすると、社会の法則も同じように解明できるにちがいない、とアダム・スミスは考えた。結局のところ、人も社会も神がつくったものなのだから。

自然に法則があるなら、社会にも法則があるはずだ。天体を動かす法則があるなら、人間を動かす法則もあるはずだ。

この法則を知ることさえできれば、神の意向に沿ったかたちで社会を調整できるだろう。人の歩みはスムーズになり、流れに逆らうことなく、流れのままにうまく進めるだろう。あらゆることが理解可能になり、社会は機械じかけのように正確に、もっとも望ましいかたちで機能しはじめるだろう。
アダム・スミスや同時代の経済学者たちは、そうなることをめざした。もちろん簡単な仕事ではない。自然と調和した力とはいったいどういうものか？

人の社会において万有引力と同じ働きをする力、それは何を隠そう、利己心であった。

「星の動きは計算できるが、人の狂気は計算不能だ[7]」

ニュートン自身がそう述べていることなど、誰も気にしなかった。アダム・スミスの理論はニュートンと同じくらい、神の言葉に近いように見えた。そのやり方は、ニュートンの自然科学にそっくりだったからだ。

何かを理解したければ、バラバラに分解してみなさい。それがニュートンの方法論だった。全体を小さな部分に分けてみる。それでだめなら、部分をさらに小さく分けてみる。そうやって分解していくと、やがてそれ以上は分解できない部品にたどり着く。あらゆるものを構成する、世界のレゴブロック。最小のパーツ。原子や素粒子。それを見つけて調べなさい。いちばん小さな部品を知れば、すべてはおのずから明らかになる。

あるものが変化するのは、それを構成する粒子自体が変化するからではない。粒子は全体とは無関係に存在している。変化が起こるのは、粒子どうしの配置が移り変わるからだ。

粒子の移動は自然の法則に従っている。だからこそ、物事は予測可能なやり方で動くのだ。

経済学者はこの方法論を経済に当てはめることにした。経済を理解したければ、バラバラに分解すればいい。ステーキができるまでの複雑なプロセスから、まずは火曜日の肉屋だけを取りだしてみよう。それでも複雑すぎるなら、もっと小さく切り分ける。そうやってどんどん切り分けていくうちに、経済学者は経済の最小の単位と思われるものを見つけだした。

それが「個人」だった。

個人の動きを知れば、すべてはおのずから明らかになる、と経済学者は考えた[8]。個人は経済学にとっての原子だった。社会は個人の集まりだ。経済に変化が起こるのは、個人の性質が変わるからではない——アイデンティティは簡単に変わったりしない。そうではなく、変化が起こるのは、個人が意思決定をするからだ。それによって個人どうしの位置関係が移り変わるからだ。個人が新たな選択をするたび、個人のあいだに新たなパターンが生まれる。個人と個人はビリヤードの球のようにぶつかり、位置関係を変えていく。個人の心が変わったかどうかなど本人以外にはわからないから、不変のものとしておけばいい。

あとはただ、計算するだけだ。

アダム・スミスの最大の功績は、生まれたばかりの経済学に物理学の世界観を当てはめたことにある。ロジカルで合理的で予測可能。この時代の物理学はそういうものだった。時間と空間はきれいに分かれていたし(両者が融合した時空はまだ登場していなかった)、何かを観測するたびに世界が分裂して、起こりうる観測の数だけ新たな宇宙が生まれるということもなかった。そういう厄介な現象が現れるのはもっと後の話だ。経済学にとって大事なのは複雑な現代物理学ではなく、ニュートンの見ていた星空だった。

「私が本当に知りたいのは、神が世界をつくるときに選択肢はあったのかということです[9]」

現代物理学の父と呼ばれるアインシュタインは20世紀初頭にそう言った。ニュートンの法則に別の選択肢はあったのだろうか。今とは違う法則で動いていた可能性は?

経済学の分野でそういう問いかけをする人はあまり見かけない。よほど自信があるのだろう。「(経済学の理論は)すぐれて正確かつ重要なものであり、疑いを差し挟むのは物知らずか偏屈者だけである」とイギリスの経済学者ライオネル・ロビンズは言った[10]。そこに選択肢はない。市場は個人の集まりだ。異論は受けつけない。

＊

その昔、王様は死んだ動物の内臓を専門家に見せて政治判断への助言を求めた。専門家は内臓の色や形を見きわめ、この政策をとれば神々はこう反応するにちがいない、などと詳しい分析をおこなった。紀元前のイタリアでは、エトルリア人が羊の肝臓を16の部分に分割して運命を読みとっていたそうだ。現代では、こうした専門家の役目は経済学者に引き継がれている。この政策をとれば市場はこう反応するにちがいないと、精度はどうあれ政治家に助言をおこなっている。

市場経済はいいけれど、社会を市場に支配されたくないと多くの人は考える。でも物事はそううまくいかないらしい。グローバル資本主義による搾取よりも悪い唯一の事態は、グローバル資本主義による搾取すら受けないことだ、とフィデル・カストロは言った。そうかもしれない。「この道しかない」[11]とマーガレット・サッチャーは言った。資本主義は（少なくとも2008年の金融危機までは）どんな偉大な宗教にもできなかったことをなしとげているように見えた。多種多様な人々をひとつにまとめる、グローバル市場という偉大な達成。

市場は鉄や銀の価格を決定し、人々のニーズを決定し、ベビーシッターやパイロットやCEOの給料を決定する。口紅の値段、芝刈り機の値段、子宮摘出の値段も市場が決める。投資銀行を倒産させたCEOの役員報酬に使われる金額も市場が決める（年間7千万ドル）[12]。北欧で息を引きとろうとしている87歳の女性の手を握っていることの価値も市場が決める（1時間あたり96クローナ[13]＝およそ1200円）。

アダム・スミスは夕食のテーブルで、肉屋やパン屋の善意のことは考えなかった。取引は彼らの利益になるのだから、善意の入り込む余地はない。自分が食事にありつけるのは、人々の利己心のおかげだ。

いや、本当にそうだろうか。

ちなみにそのステーキ、誰が焼いたんですか？

アダム・スミスは生涯独身だった。人生のほとんどの期間を母親と一緒に暮らした[14]。母親が家のことをやり、いとこがお金のやりくりをした。アダム・スミスがスコットランド関税委員に任命されると、母親も一緒にエディンバラへ移り住んだ。母親は死ぬまで息子の世話をしつづけた。

そこにアダム・スミスが語らなかった食事の一面がある。

肉屋やパン屋や酒屋が仕事をするためには、その妻や母親や姉妹が来る日も来る日も子どもの面倒を見たり、家を掃除したり、食事をつくったり、服を洗濯したり、涙を拭いたり、隣人と口論したりしなければならなかった。

経済学が語る市場というものは、つねにもうひとつの、あまり語られない経済の上に成り立ってきた。

毎朝15キロの道のりを歩いて、家族のために薪《たきぎ》を集めてくる11歳の少女がいる。彼女の労働は経済発展に欠かせないものだが、国の統計には記録されない。なかったことにされるのだ。国の経済活動の総量を測るGDP（国内総生産）は、この少女の労働をカウントしない。[15] ほかにも子どもを産むこと、育てること、庭に花や野菜を植えること、家族のために食事をつくること、家で飼っている牛のミルクを搾《しぼ》ること、親戚のために服を縫うこと、アダム・スミスが『国富論』を執筆できるように身のまわりの世話をすること、それらはすべて経済から無視される。

一般的な経済学の定義によると、そうした労働は「生産活動」にあたらない。何も生みださないことにされてしまう。

見えざる手の届かないところに、見えない性がある。

フランスの思想家シモーヌ・ド・ボーヴォワールは、女性を「第二の性」と表現した。何事においても男性が優先され、女性は二の次にされる。男性が世界を決定し、女性は「その他」の立場に追いやられる。女性は男性のものでないあらゆる役割を担《にな》わされる。男性が男性であるために、誰かが担わなければならない役割を。

――誰が稼いでると思ってるんだ?

「第二の性」と同様、世の中には「第二の経済」がある。世界にとって意味があるのは、伝統的に男性が担ってきた仕事だ。そこから経済学の世界観がつくられる。女性の仕事は「その他もろもろ」。男性が仕事をするために、誰かがやらなければならない何か。

――誰のおかげで飯が食えると思ってるんだ?

アダム・スミスが答えを見つけたのは、経済の半分の面でしかない。彼が食事にありつけたのは、商売人が利益を求めて取引したためだけではない。アダム・スミスが食事にありつけたのは、母親が毎日せっせと彼のために食事を用意していたからだ。

最近では「見えざる手」だけでなく「見えざる心」が経済を支えているという言い方もされる。(16) ただし、女性が伝統的に担わされてきた社会的役割を「心」の問題にするのは、その状況を美化しすぎかもしれない。アダム・スミスの母親がなぜ息子の世話をしたのか、その心の内はわからない。
確かなのは、彼女がずっと息子の世話をしていたという事実だ。

第2章 / Chapter Two /

ロビンソン・クルーソーはなぜ経済学のヒーローなのか

子どもたちは無人島の話が大好きなんだ、と『クマのプーさん』の作者A・A・ミルンは言う。[1] 誰もいない孤島に流れ着く話は、子どもたちの想像力を特別にかきたてる。

ミルンによると、無人島というのは、いやな現実から逃れるのにもってこいの設定らしい。ママもパパもきょうだいもいない場所。親戚づきあいも、家事の手伝いも、権力争いも存在しない場所。きれいでシンプルな、生まれたての世界。そこでは自由気ままに生きられる。まっさらな砂には自分の足跡しかついていない。

それは子どもが主人になれる世界だ。王位を奪いとり、太陽神として君臨できる世界だ。

経済学者はちょっと子どもに似ているかもしれない。みんなロビンソン・クルーソーが大好きだからだ。大学で経済学を学んだ人なら、教授がロビンソン・クルーソーの話をするのを一度は耳にしたのではないだろうか。(2) はじめは不思議に思うかもしれない。人種差別的な白人男性が島で26年間ひとりきりで暮らしたあと「野蛮人」と友達になる話が、現代の経済学について何を教えてくれるというのだろう？

だが、そこにこそ経済学の核心がある。

ダニエル・デフォーが描いた無人島のヒーローは、のちに「経済人(ホモ・エコノミクス)」と呼ばれる人物像の完璧なモデルとなった。ロビンソン・クルーソーが流れ着いた無人島には、社会のルールも法律もない。誰にも邪魔されず、無制限の自由を行使できる。そこにはどんな制約も受けない純粋な自己利益の追求がある。だからこの話は、経済学者たちに好んで引用されてきた。

市場に参加するとき、私たちはみんな匿名になる。市場はそうやって私たちを自由にする。あなたがどこの誰だろうと関係ない。性格も友達づきあいも考慮しない。大事なのは支払い能力があるかどうか、それだけだ。

そこでは自由な個人が独立して意思決定をおこなう。過去もしがらみも何もない。私たちは青い海にぽつんと浮かんだ孤島の群れだ。何をしようと誰にもとがめられない。制約があるとすれば、使える時間や資源の量といった物理的な問題だけだ。ロビンソン・クルーソーは自由で、他人への関心は彼らが何の役に立つかということにしかなかった。クルーソーは冷たい人間ではない。合理的にものを考えただけだ。物語のなかでは、そういうことになっている。

＊

ロビンソン・クルーソーはイギリスのヨーク出身という設定だ。(3) 父親は裕福な商人だった。二人いた兄のうち一人は戦争で亡くなり、もう一人は行方が知れない。ロビンソンは法律の勉強をしていたが、おだやかな中流の暮らしに嫌気がさして、アフリカ行きの船に乗り込んだ。それからいろいろあってブラジルにたどり着き、現地で農園を買いとって経営する。農園はかなりの儲けを出していたが、ロビンソン・クルーソーの野心はまだ満たされなかった。やがて奴隷の闇取引の話に飛びつき、黒人を連れてくるためにふたたび船でアフリカへ向かった。最後の航程に差しかかった頃、船が嵐に襲われ、乗組員たちは波に呑まれた。ロビンソン・クルーソーはただひとり助かり、無人島へと放りだされた。

そこからが、よく知られた物語だ。

ロビンソンは数匹の動物を仲間に、長い年月を一人きりで過ごす。ときどき島にやってくるのは恐ろしい「野蛮人」や「人食い族」だけだ。ロビンソンは紙に一本の線を引き、財産だけでなく幸運と不運を借方と貸方に分けて貸借対照表をつくった。

悪い点：孤島に打ち上げられた。	**良い点**：まだ生きている。
悪い点：誰もいなくて孤独だ。	**良い点**：飢えてはいない。
悪い点：衣服がない。	**良い点**：気候がいいので衣服はいらない。

ロビンソンはこうして自らの状況を論理的に整理した。計算の結果、悪い点よりも良い点のほうが多いようだった。うるさいことを言う人はいないし、人とくらべていやな気分になることもない。一人きりもいいものじゃないか。彼は嬉々として、自分はこの島の領主だ、と宣言する。王を名乗ろうと皇帝を名乗ろうと自由だ。現世の欲も悩みもなく、自分の財産をきちんと管理さえしていればいい。島は彼の所有物だ。自然は彼の支配下にある。

『ロビンソン・クルーソー』は、個人が創意工夫で生き延びる物語として語られることが多い。たしかにロビンソンは穀物を収穫し、土器を焼き、ヤギの乳を搾る。麻の繊維をより合わせてランプの芯をつくり、ヤギの獣脂でロウソクをつくる。ただし、ロビンソンの暮らしを支えたのは創意工夫だけではない。実をいうと難破した船はすぐ近くにあり、ロビンソンは10回以上も船と島を往復して、ありったけの道具や資材を島に持ち込んでいる。それを使って自然を支配し、やがては人間を従わせたのだ。

ロビンソンの使った道具や資材は、海の向こうの誰かがつくったものだ。(4) ロビンソンは彼らの労働にすっかり依存していた。

島に暮らして20年以上経ってから、ロビンソンは現地の人間に出会う。人食い族に追われて駆けてくる男をロビンソンは助けてやり、キリスト教に改宗させた。フライデーと名づけられたその男はロビンソンに心から感謝した。子どものようにロビンソンに懐《なつ》き、奴隷のように言うことをきいた。フライデーは人食い族の出身なので人肉の味が恋しかったが、ロビンソンが嫌がるので食生活を変更した。

二人は「かんぺきに幸せ」な3年間をともに過ごしたあと、救出されて欧州へ帰り着く。リスボンで知人と再会したロビンソンは、自分がとんでもなく裕福になっていることを知った。ブラジルで所有していた農園が順調に経営拡大し、彼のいないあいだに相当な収益を上げていたのだ。ロビンソンは農園の持ち分を売却し、イギリスで結婚して3人の子どもをもうけた。それから妻が亡くなった。この結婚と出産と死の描写は、長編小説のなかのたった2、3行で終わる。

そしてロビンソン・クルーソーはふたたび航海に出る。

アイルランドの作家ジェイムズ・ジョイスは、ロビンソンを評して「男らしい独立心、無自覚な残酷さ、あきらめない精神、切れはないが実用的な知恵、性的無関心、計算された寡黙さ」といった性質の体現者であると述べている。(5)

ロビンソン・クルーソーは孤立していた。経済学者は孤立した個人が好きだ。無人島に漂着したロビンソンのイメージは、人の行動を世の中から切り離して検証するのにもってこいの素材だった。一般的な経済学のモデルは、まさにそうしたイメージの上に成り立っている。セテリスパリブス、(6)と経済学の教授は呪文のように唱える。「ほかのすべての条件が同等または一定であれば」という意味だ。経済モデルを考えるときに大事なのは、ひとつの独立した変数に注目してその影響を観察すること。いろいろな変数をいっぺんに動かしてしまうと、計算が成り立たない。優秀な経済学者はそうしたアプローチの欠点も心得ているが、ともかく「経済学的に考える」といえばそういうやり方だ。複雑な物事を予測するためには、まず単純化せよ。経済学者たちはアダム・スミスの精神にのっとり、孤立させて単純化することを選んだ。

無人島のロビンソン・クルーソーは一人で経済を築いた。彼は生産者であり消費者だった。ものの価値は需要と供給に応じて決定された。

需要と供給には、もうひとつ有名なたとえ話がある。ここでも登場するのは無人島に漂着した男だ。

二人の男が、無人島に流れ着いた。一人は米の入った袋を持っていて、もう一人は金《きん》の腕輪を200個持っている。本国では腕輪ひとつで米が一袋買えるが、なにしろここは無人島だ。二人きりで漂着した男たちにとって、ものの価値は今までと同じではない。「腕輪を全部くれたら、米を一食分だけ分けてやるよ」と、米を持っている男がだしぬけに言う。取引してやるだけでもありがたいと思え、と言わんばかりの態度だ。無人島で役に立つのは圧倒的に米なのだから、いくらでも値段を吊り上げてやればいい。腕輪を持っている男は、黙って従うしかない。

経済学者はそう語ると、したり顔でうなずく。人間の本性を見抜いてやったと言わんばかりに。

でも無人島の二人はなぜ、別の話をしないのだろう。彼らは寂しくないのだろうか。怖くないのだろうか。誰かがそばにいてくれたほうがいいんじゃないのか。話をするうちに「俺も実はほうれん草が苦手だったよ」とか「うちのおやじもアル中だったよ」などと共通点が見つかることはないのだろうか。そうやって仲良くなり、米を分けあう可能性は考えられないだろうか。

人がそういう行動をとる可能性を、なぜ経済学は見ようとしないのだろう。

このたとえ話のポイントは、無人島という場所ではない。二人きりになってしまったということだ。世の中から切り離され、孤立していることだ。二人は取引と競争を通じてしかコミュニケーションできない。周囲を見渡して目に入るのは自然ではなく、取引に役立つ商品だけだ。あらゆるものは売買され、可能な範囲で最大の利益を上げなくてはならない。

＊

ロビンソン・クルーソーは経済人のモデルにうってつけだった。経済学者は彼の行動から経済理論の基本を学んだ。個人に注目し、個人を研究すること。個人の行動をなるべくシンプルに理解すること。こうしてできあがった経済人のモデルは、現在にいたるまで経済学の基礎をなしている。(7)

そして経済人は、人の心を魅了しつづける。

たった一人で世界に出ていき、どんな困難も味方につけて利益を最大化する人。彼は単純化されているとはいえ、私たちの時代の普遍的な人間像だ。女性も男性も、富める人も貧しい人も、文化や宗教が違っていても、みんな基本的にはそういう生き物なのだ。経済人とは、私たちみんなの中に存在する、純粋に経済的な意識の結晶だ。欲望を定式化し、システマティックに充足させる合理性の化身。

経済人は理性にもとづいて行動し、不必要なことはしない。彼が行動するのは快楽を得るためか、苦痛を避けるためである。彼はどんな手を使ってでも自分の欲望を満足させる。邪魔なものは取り除き、必要であればぶち壊す。

それが私たちの本性なのだ、と経済学者は言う。いずれにせよ経済学にとって大事なのは人間のそういう部分なのだと。だから経済学は、人間のそういう側面だけを見る。そこでは、人はまず、ありったけのものを手に入れたがる。すべてを、今すぐに。人のかぎりない欲望が制限されるとしたら、それはこの世界のリソースが有限であり、ほかのみんなも同じものを欲しがっているからだ。そうして制限が加わるとき、人はすべてではなく何をとるかを選ばなくてはならない。選択は欠乏から生まれる。

何かを選ぶことは、何かを捨てることだ。ひとつの選択肢を選ぶとき、人は選ばなかったほうの選択肢から生まれたはずの利益を捨てなくてはならない。どちらが自分にとって大事なのか。

こうして経済人は選好（好み）を持つ。もしも彼がヒナギクよりもバラを好み、バラよりもチューリップを好むなら、論理的にいって彼はヒナギクよりもチューリップを好むことになる。さらに彼はいつでも合理的だから、目的を達成するためにいちばんコストの低い方法を選ぶ。

何が欲しいかを決めて、それを手に入れるために行動する。A地点からB地点までの最短の経路を割りだす。最小限のコストで、最大限の利益を。それが経済人の行動原理だ。あなたは何をどういう順番で手に入れるのかを決定し、わたしも何をどういう順番で手に入れるのかを決定する。そして行動に出る。どちらが早いか競争だ。安く買って高く売れ。そのように人生は始まり、そして終わる。

経済人の便利なところは、予測しやすいことだ。数式に当てはめればどんな問題にも答えが出る。もしもみんなが彼みたいだったなら、世の中はとてもすっきりする。考えるべきは自分の利益だけだ。余計なもののない死んだ宇宙は、社会の法則を打ち立てるのにもってこいの舞台だった。

経済人とは、不合理な旧習から解放された現代の起業家だ。ロビンソン・クルーソーと同じく、彼は誰にも指図を受けない。あれをしろ、これをしろと命令する王や皇帝はいない。自分自身が王であり皇帝だ。誰も彼を支配できない。これこそが、経済学の打ち立てた新たな時代の人間像だった。

経済人は自分で自分の生き方を決めるし、他人の生き方には口を出さない。彼は有能である。なぜなら、人間だからだ。人はすぐれた思考能力を持っていて、そのために世界に君臨できる。なぜなら、人間だからだ。そしてどんなときも、あらゆる選択肢を一瞬で計算し、最善の選択肢を見つけだす。まるでチェスの王者のように、無数の可能性のなかから最善の道を選びとるのだ。彼は自由だ。さらに彼は公平である。なぜなら人をどこから来たかではなく、どこへ行くかで判断するからだ。彼は好奇心に満ちて、変化を恐れない。今あるものに満足せず、さらに上をめざす。

もっとたくさん欲しい、もっと見たい、もっと味わいたい。

経済人にとって、仕事をすること自体には価値がない。仕事は何かを手に入れるためにやるものだ。彼は目標を設定し、それを達成するために努力し、完了のチェックをつけて次にとりかかる。過去はけっして振り返らず、つねに前を向いている。あなたが欲しい、と彼が思ったなら、彼はあなたを手に入れるためにあらゆる手段をとるだろう。嘘をつき、盗み、格闘し、売りになるものは何でも使う。彼は孤独で、エネルギーがあり余っているのだ。欲望を満たすためなら何だってする（ただし基本的には、暴力よりも交渉を使うけれど）。リソースは有限だ。みんながひとつの乳首にありつけるわけじゃない。うまくそれを手に入れた人は称賛される。成功は快楽だ。人生は快楽だ。彼は努力して手に入れたものを両手でそっと包み込み、こうつぶやく。「やっと僕のものになったね」

そして彼は真っ赤な夕陽に向かって一人、馬を走らせる。エンドロール。

感情や善意や親切や連帯は、経済学の理論にそぐわない。経済人は特定の感情や連帯を選好するかもしれないが、それはあくまでも選好だ。梨よりリンゴが好きなのと同じことだ。彼は感情を求める――その体験を所有したいと思う。でも感情は彼自身に属するものではない。経済人には子ども時代も他者への依存もなく、社会の影響も受けないからだ。彼は自分が生まれたときのことを思う。それは単なるひとつの、どこにでもあるできごとだ。

合理的で利己的で、環境から切り離された経済人。そこが無人島であれ都会であれ、彼が孤立していることには変わりない。彼にとって社会は存在しない。あるのは個人の群れだけだ。

経済学は「愛の節約」を研究する学問になった。社会は利己心で成り立っている。アダム・スミスの見えざる手から経済人は生まれた。愛は私的な領域へと追いやられた。社会に漏れださないように、しっかり管理しなくてはならない。

そうしないと、愛が枯渇してしまうから。

＊

オランダ生まれのイギリスの精神科医バーナード・デ・マンデヴィルは、代表作『蜂の寓話』を１７１４年に出版した。[8] 皮肉な筆致で、働き蜂がそれぞれ利己的に行動している様子を描き、それが結局は巣全体の利益になっていると論じる。蜂を好きに働かせてさえおけば、利己心は全体を潤わせる。むやみに蜂を邪魔したら、ハチミツは手に入らない。働き蜂たちは虚栄心や嫉妬や欲に駆られているが、だからこそ必死で働くのだ。強欲は善だ。利己心こそがみんなのためになる。

一人ひとりが利己的に行動すれば、自動的にみんながハッピーになるという、魔法のような物語。アダム・スミスが語ったものとまったく同じだ。私たちの欲とエゴは「見えざる手」によって調和と均衡へと変容する。この物語はカトリックの深遠なる神秘にも似て、私たちの生に意味と赦《ゆる》しを与えてくれる。あなたが欲深く、利己的であるからこそ、あなたは他者と和解できるのです。

「アメリカがアメリカであるためには深い信仰心が不可欠だ。それがどんな信仰であってもかまわない」と米国のアイゼンハワー元大統領は言った(9)。

見えざる手が経済を導くという考えはのちの世に引き継がれ、市場が歴史の終わりをもたらすという神話にまで発展した。戦争するより金を稼げ。あたかも金と戦争が無関係であるかのように。経済的利害が広く深く絡み合えば、過去の古くさい対立など水に流せるはずだ。いとこがムスリムだとしても、利害が一致していれば仲良くできる。娘が気に食わない隣人と寝ていても、そいつが自分のビジネスに欠かせない存在なら撃ち殺さなくてすむ。

見えざる手のなんと慈悲深いことか。

20世紀の血なまぐさい歴史は、人の行動がそんなに単純ではないことを明らかにしている。だとしても、見えざる手のストーリーは魅力的だ。素敵な物語にケチをつけるのは野暮というものだ。だから人はあえてそこを掘り下げようとはしない。

思いのままに行動するだけで、世界が平和になりみんなが幸せになる。市場がすべてを解決してくれる。そんな素敵な物語が、私たちの心をつかまないわけがない。もう搾取も何も気にしなくていい。あの人が時給6ドルで過酷な労働に従事しているのは、邪悪な誰かに命じられたからじゃない。誰も悪くないし、誰にも責任はない。要は経済なんだよ、お馬鹿さん。経済は私たちの宿命だ。いや、私たちの本質だ。

だって私たちは、みんな経済人なのだから。

第3章 / Chapter Three /
女性はどうして男性より収入が低いのか

男性はいつでも利己的にふるまうことが許されてきた。経済にしても、セックスにしても。

ところが女性に関していえば、利己的な行動はタブーである。

女性の役割は、自分の利益のためではなく、誰かのために世話をすることだ。女性は生理や出産があるから合理的にものを考えられない、と社会は女性に言いつづけてきた。体にまつわる物事は、理性の真逆にあるのだからと。

女性が欲望をあらわにすると、きまって厳しく批判される。[1] 女性の欲望は脅威であり、危険で不自然なものなのだ。

「自分は玄関マットでも売春婦でもないですよ、という態度を見せるたびに、あいつはフェミニストだと言われるんです」イギリスの作家レベッカ・ウェストはそう述べる。[2] 女性が男性のように自己主張するのを、社会はけっして許さない。

でも経済が利己心で成り立つなら、女性が利他的にふるまうことは矛盾ではないのか。いったいどうやって説明をつけるのか？

種明かしをすると、男性が自分の利益を追求しているあいだ、女性は壊れやすい愛の領域に閉じ込められてきたのだった。経済の世界から排除されて。

＊

英語で経済を意味する単語「economy」はギリシャ語で家を意味する「oikos」から来ているが、経済学者は長いあいだ家のことを無視してきた。女性の自己犠牲は私的な領域に属するものであり、経済には関係ないと思われてきたのだ。

子育てや掃除、洗濯、アイロンがけといった家族のための仕事は、目に見える財を生まない。売買できないものなので、経済には寄与しない。そのように19世紀の経済学者は考えた。[3] 経済を潤すのは手にとれて輸送できるもの、供給が限られているもの、そして直接的にせよ間接的にせよ快楽を増やしたり苦痛を減らしたりするものだ。

女性に割り当てられた献身は、そこから排除されて人々の目から隠された。男性の労働の成果はわかりやすく積み上げられ、お金に換算される。一方、女性の仕事の成果はわかりにくい。掃いた塵はまた積もる。食事をさせてもすぐに腹は減る。やっと寝かしつけた子どもは、また起きる。昼食が終われば皿洗いが待っている。皿洗いが終われば夕食の準備が待っている。そしてまた汚れた皿が積み上がる。

家事とは終わりのない繰り返し。だから女性の仕事は経済活動ではなく、女らしい気づかいの延長ということにしておこう。どうせいつも同じことをやっているのだから、わざわざ計量するまでもない。これは経済の話ではなく、なにか別のところから出てくるものなのだ。

女らしさから出てくるもの。僕たちには関係のないもの。

1950年代になると、こうした考え方に転機が訪れた。女性の活動も含めて、人のあらゆる活動は経済モデルで分析できる、とシカゴ大学の経済学者たちが主張しはじめたのだ。[4] 私たちが合理性を発揮するのは、次のボーナスのためにがんばるときや、車の販売店で値段交渉をするときだけではない。ソファの裏のほこりを取ったり、洗濯物を干したり、子どもを産んだりするのも合理的な選択だ。そう彼らは考えた。この説を唱えたシカゴ大学の学者のなかでも特に有名なのが、ペンシルベニア出身の若き経済学者、ゲーリー・ベッカーだ。

ゲーリー・ベッカーとシカゴ大学の研究者たちは、家事や差別、家庭生活といったあらゆる問題を経済のモデルに含めて考えることにした。

この動きがシカゴ大学で起こったのは、なんだか奇妙に思えるかもしれない。シカゴ大学といえばガチガチの新自由主義というイメージだからだ。

戦後のシカゴ大学で形成されたシカゴ学派は、政府の市場介入を批判する新自由主義の牙城として知られている。規制緩和や減税といった政策が世界のどこよりも声高に叫ばれたのは、このミシガン湖に面した街からだった。1946年には、ミルトン・フリードマンがシカゴ大学にやってきた。のちにマーガレット・サッチャーをはじめとする右派政治家に多大な影響を与えた経済学者だ。フリードマンと並ぶシカゴ学派の重鎮ジョージ・スティグラーも1958年に参加している。

そんなシカゴの経済学者たちが、なぜ急に女性の活動を語りはじめたのだろう?

1979年、フランスの思想家ミシェル・フーコーが、名門高等教育機関コレージュ・ド・フランスで連続講義をおこなった。(5) サッチャーが英国首相に就任し、新たな保守《ニューライト》の思想が世の中に広まりはじめるのと同じ年だ。フーコーは事態を懸念していた。彼は講義でゲーリー・ベッカーに言及し、社会のあらゆる側面を経済的に分析するシカゴ学派の考え方を紹介する。ベッカーによれば、人は誰もが経済人（ホモ・エコノミクス）であり、したがって経済の理論さえあれば世の中を理解できる。どんなに些細な日常であっても、あらゆることは経済活動だ。経済学は世界のすべてを扱う学問なのである。

フーコーはこうしたゲーリー・ベッカーの考え方に興味を示しつつも、一般には受け入れられないだろうと考えていた。勃興しつつある新自由主義でさえ、ベッカーがいうほど過激な経済帝国主義を推し進めることはないはずだ。さすがに行きすぎだからだ。

フーコーの講義から13年後の1992年、ゲーリー・ベッカーはノーベル経済学賞を受賞した（フーコーはその8年前に亡くなっている）。経済学のロジックを世界のあらゆることに当てはめるベッカーの理論は、いまや世界中で広く受け入れられていた。絶大な力を手に入れた経済学者たちは、もう値札のついた商品などにこだわらなかった。経済人の世界ではあらゆるものに値段があり、違うのは通貨の種類だけなのだ。伝統的に女性の仕事とされてきたことも、今では経済の観点から分析できるようになっていた。

こうしてシカゴ学派は女性を経済学の領域に招き入れたが、問題は彼らのやり方だった。「彼らがフェミニストでないという言い方はあまりに遠慮しすぎでしょう。虎がベジタリアンでないという言い方と同じです」[6]と経済学者バーバラ・バーグマンは述べる。

シカゴ学派の経済学者は立派な経済モデルを武器に、社会が女性に割り当てた活動を分析した。分析といっても、実際は自説を確認しただけだ。答えは最初から決まっていたのだ。経済人という夢。あらゆる活動が集約されるひとつの秩序。客観的でどこまでも明晰な、必然性のシステム。

女性は数千年にわたって政治・経済の領域から構造的に疎外されてきたが、それはちょっとしたミスだったにちがいない、と彼らは言う。女性だってもちろん経済人になれる。男性と同様、自由で孤独で競争心の強い人間になれるはずだ。当然じゃないか。そうでなかったら女性はいったい何だっていうんだ？

さらにシカゴ学派の経済学者たちは、同じ経済のロジックを新たな問題に当てはめることにした。[7] なぜ人は結婚するのか？ ——そのほうが効率がいいからだ。なぜ人は子どもをつくるのか？ ——そのほうが効率がいいからだ。なぜ人は離婚するのか？ ——そのほうが効率がいいからだ。経済学者たちは次々と問題を出し、答えを当てはめていった。

ほら、すごい、うまくいったよ。女性でも何とかなるものだね！

もしも女性の稼ぎが少ないならば、それは女性が高い賃金に値《あたい》しないからだ、と彼らは考えた。[8] 世の中は合理的にできていて、市場はつねに正しいのだ。市場が女性の賃金を少なく計算したなら、それが彼女にふさわしい金額にちがいない。経済学者の仕事は疑いを持つことではなく、一見おかしなケースであっても市場の判断を正当化することにあった。

女性は非生産的だから賃金が低い。それが彼らの出した結論だ。別にやる気や能力のせいではなく、男性と同じように努力するのが割に合わないからだ。どうせ出産と育児でキャリアを中断しなければならないのだし、それならあくせく勉強したり働いたりしても意味はない。だから女性は仕事にリソースを投入しなくなり、結果として賃金が安くなる。[9]

彼らの説は世の中に大きな影響を与えたが、現実と照らし合わせると、何かがおかしいのは明らかだった。[10] 男性と同じくらい高学歴の女性は多いのに、賃金は一般に男性より低い。全力で仕事をがんばってもそれは変わらない。そこにあるのはいわゆる「差別」ではないのだろうか。シカゴ学派のみなさんは、それをどう説明するのだろう?

ゲーリー・ベッカーの人種差別に関する理論はよく知られている。[11] それによると、人種差別が起こるのは「黒人と接したくない」という選好のためである。すべての人は合理的なのだから、人種差別が起こるとしたらそれも合理的な判断なのだ。

たとえばある人が差別主義者だったなら、彼は黒人客のいるレストランには行かないだろう、とベッカーは言う。これは好みの問題で、言ってみればコーヒーにミルクをたっぷり入れるかどうかと同じことだ。だから「黒人の客お断り」の店が出てくるのは仕方ない。同様に、黒人の店員を雇うと客に嫌がられる可能性があり、それはお店の損失となる。レイシストの白人従業員は、黒人と一緒に働くのが苦痛だから給料を上げてくれと要求するだろう。レイシストの客は、黒人が働いているなら値段を下げろと言うだろう。黒人の手でパッキングされた食品を買ってもらうためには、そのぶん価格を下げて購買意欲をそそらなくてはならない。こうしたすべての影響が積み重なり、黒人の給料は下がるのである。

ベッカーは差別を推進したくてそんな発言をしたのではない。差別はよくないが、そのうち市場が解決するだろうと彼は考えていた。いちばんいいのは、何もしないで市場にまかせることだ。

たとえば、店舗Aが白人しか雇わないとしたら、やがて黒人を雇っている店舗Bによって淘汰されるだろう。Bのほうが安いコストで経営できるからだ。さらに市場原理が進むと、企業は人員の配置を最適化するだろう。同じ会社のなかに、黒人の店と白人の店をつくるのだ。そうすれば黒人を雇っていても白人の給料を上乗せしなくてすむ。つまり、みんな公平に、給料が安くなる。

ところが事態は、経済学者の予想どおりには進まなかった。[12]市場にまかせていても、差別はいっこうになくならなかったのだ。黒人差別も、女性差別も。

女性差別に関してはもうひとつ、ゲーリー・ベッカーの唱えた説がある。家事についての理論だ。

結婚している女性は、仕事を終えて帰宅してから何をするか？[13] テーブルを拭き、アイロンをかけ、子どもの宿題を見てやる。結婚している男性は、仕事を終えて家に帰ると何をするか？ 新聞を読み、テレビを見て、気が向けばすこし子どもと遊ぶ。ベッカーはそのように想像した。

仕事をしている女性は、家に帰っても家事をしなければならず、疲れがとれない。ベッカーはそれが低賃金の理由だと考えた。家事や育児をしなくていい男性とくらべて、女性は明らかに疲れが溜まる。だから職場で男性ほどの成果が出せない。成果が出せないから、賃金が下がるのだ。

一方、逆向きの説明もある。女性が家事を担当するのは、賃金が少ないからだ。だって男女のどちらかが家事をするなら、稼ぎの少ない女性にやらせたほうが損失が少なくてすむじゃないか。

要するに、女性は家事をするから賃金が低く、賃金が低いから家事をする。そういうことだ。

出口のない堂々めぐり。

*

女性は生まれつき家事に向いているのだ、と人は言う。もしもそうなら、女性が皿洗いをしたり子どもの鼻を拭いてやったり買い物のリストをつくったりするのは、理にかなった役割分担かもしれない。経済学者によると、家族とはひとつの意思を持つひとつの単位だからだ。家族は小さな企業のようなもの。利益を上げるために最適なコスト配分をしたほうがいい。男性はブリーフケースを持ち、女性はオーブン用手袋をつける。女性は家事に向いているのだから当然だ。男性にオーブンを触らせたら、効率が落ちて家計が損失をこうむる。

でも、何を根拠に女性が家事に向いているといえるのだろう?

経済学者によると、もしも男性のほうが家事に向いているとしたら、すでに男性が家事をしているはずだ。そのほうが効率がいいからだ。でも現実に、男性は家事をしていない。だから女性のほうが家事に向いているにちがいない、というわけだ。

女性が家事に向いているという説は、その程度のいいかげんなものだった。聞かれれば、生物学的に決まっているのだ、と言ってごまかすのが落ちだった。[14]

男性優位社会を擁護する人は、たいてい身体的な差異を口にする。人は知性が身体を支配する生き物であるが、女性は身体に引きずられているため、人として劣っているのである、と。男性が精神の体現者となるために、女性は身体の体現者とされた。女性を身体的な現実に縛りつけておけばおくほど、男性はもっと自由に羽ばたける。

要するに生物学は、シカゴ学派にとって都合のいい理屈だったわけだ。何かが「自然である」と言うとき、それは変えられないし、変えてはいけないものだとされてきた。誰のせいでもない、自然なのだから仕方ない。そして生物学的な特徴は政治的な意味に結びつけられ、逆らっても無駄な秩序としてシステムに加担させられた。男女の生物学的な違いが特定の政治的な意味を持つ以上、その政治的主張を否定することは、生物学的な違いそのものを否定することと同義になってしまった。

だが生物学的な事実と、政治的な主張は、本来まったく別のものだ。

女性が子どもを産めるという事実が意味するのは、女性が子どもを産めるということだ。ずっと家にいて子どもの面倒を見るべきだということではない。女性の体内でエストロゲンの分泌量が多いという事実が意味するのは、女性の体内でエストロゲンの分泌量が多いということだ。数学の教授になってはいけないということではない。女性の体に快楽のための器官がついている事実が意味するのは、女性の体に快楽のための器官がついているということだ。企業の役員に向いていないということではけっしてない。

精神分析の父フロイトは、女性の体が生まれつき掃除をするのに向いていると信じていた。[15] フロイトによると、それは女性のヴァギナがもともと汚いからだ。自分の体の不浄を埋め合わせるために、床をみがき窓を拭き、せっせと家をきれいにするのだ。

でも、フロイトは女性のヴァギナについて何を知っていたのだろう？

女性器はすぐれた自浄作用を持つ器官で、口の中などにくらべてずっと清潔だ。[16] 多数の乳酸菌が雑菌と戦い、つねに膣の中をきれいに掃除してくれる。健康なヴァギナは弱酸性で、コーヒー（pH５）よりも酸性度が高く、レモン（pH２）よりも低い程度に保たれている。

フロイトはそれを知っていたのだろうか。

女性の生物学的特徴のなかに、無給の家事労働に向いていることを示すものは存在しない。低賃金の時給労働でこき使われるべきだという証拠もない。ペニスの有無と経済力の結びつきに必然性があると論証したいなら、何か別の根拠を探すべきだ。でもシカゴ学派はそこまで深く考えていなかった。

シカゴ学派の説を仮に受け入れるとしても、そこにはいろいろ矛盾がある。なぜ家事に特化した人がいるほうが効率的なのだろう。一人が家事をしてもう一人が外で働くやり方は、彼らが言うほど合理的だろうか。家族の一人がずっと無償労働をやり、別の一人がずっと賃金労働をするのは、本当に「経済的」なのだろうか。無償労働をするのが男性であれ女性であれ、そうやって役割を分けたほうが本当に有益なのか？

子どもが14人いて、洗濯機も掃除機もなく布おむつをたらいで洗う時代なら、そのほうが便利だったかもしれない。膨大な時間とスキルが必要な仕事なら、専門家を一人置いて効率的に回そうというのも理解できる。しかし現代の家庭では子どもが少なく、家事もそれほど難しくない。食洗機のボタンを押したり掃除機に溜まったゴミを捨てたりするのは、熟練しなくてもできる仕事だ。シカゴ学派は現代のテクノロジーをあまり理解していなかったのかもしれない。

さらにいえば、シカゴ学派の論法は家事労働の経験が社会で役に立たないとみなしている。家庭を受け持つ人は仕事の経験が少ないのだから、低賃金でも仕方ないと彼らは言う。家庭内の無償労働で身につけたスキルは、家庭内でしか役に立たないというのだ。

だが、家事をスムーズにこなせる人がマネジメントをできない理由があるだろうか。子どもの面倒を見ることは、よい上司になることや優れたアナリストになることと結びついていないだろうか。家庭を切り盛りできる人は、経営や交渉や修繕や政治や調理や看護のスキルがあるといえないだろうか。

降りかかる知的難問。ママ、なんで空は青いの？　パパ、なんでカンガルーはおなかに赤ちゃんを入れてるの？　ママ、永遠の長さってどれくらい？

家計が単一の利害を持っていると考えるとき、家庭の内部で起こる争いは見えづらくなる。でも実際のところ、外で稼いだお金は家庭内の権力関係をつくりだし、この権力関係が家庭の意思決定を左右する。パパがお金を稼ぐと、ママの発言権が少なくなるのだ。

競争や購買力が意味を持つのは家庭以外のあらゆる場所であるという仮説は——経済学の仮説が往々にしてそうであるように——あまりに現実離れしている。

どんな数式を使っても、経済学者は結局同じ結論に行き着く。女性の地位が低いのは合理的であると。世界中の女性が男性よりも貧しいのは自由な選択の結果であって、だから何も問題はないのだと。

経済学の描く個人は体を持たない理性であり、そのため性別がない。だが同時に、その個人のあらゆる性質は、伝統的に男性のものとみなされてきた性質に一致する。彼は合理的で、冷淡で、客観的で、競争を好み、非社交的で、独立心が強く、利己的で、理性のままに行動し、世界を支配しようとしている。自分の欲しいものが正確にわかっていて、勇ましくそれを取りに出かけていく。

彼のものでない性質――感情、肉体、依存、親しみ、献身、やさしさ、自然、不確かさ、消極性、人とのつながり――は、伝統的に女性に結びつけられてきたものばかりだ。

ただの偶然だ、と経済学者は言う。

＊

シカゴ学派の経済学者は女性を「発見」し、あたかも男性と同じであるかのように経済モデルに組み込んだ。ただしそれはゲーリー・ベッカーが思うほど簡単なことではなかった。アダム・スミスの時代からずっと、経済人は別の人の存在を前提にしていたのだ。献身とケアを担当する人の存在がなければ経済人は成り立たない。経済人が理性と自由を謳《おう》歌《か》できるのは、誰かがその反対を引き受けてくれるおかげだ。利己心だけで世界が回るように見えるのは、別の世界に支えられているからだ。

男性的な世界と、女性的な世界。二つの世界は隔てられ、けっして交わることはない。経済に参加したいなら、経済人になれ。男らしくあれ。そう命じる一方で、経済と呼ばれるものはつねに別のストーリーを支えにしてきた。経済から排除されたもののおかげで、経済人は経済人でいられる。

それを視界から排除したおかげで、世の中すべて経済なのだと主張できる。

彼が理性であるために、誰かが感情であらねばならない。彼が精神であるために、誰かが身体であらねばならない。彼が自立するために、誰かが依存しなければならない。彼が世界を支配するために、誰かが従属せねばならない。彼が利己的であるために、誰かが身を捧げねばならない。

アダム・スミスが自己利益こそすべてと言えたのは、誰かが彼のためにステーキを焼いてくれたおかげだった。

第4章 / Chapter Four / 経済成長の果実はどこに消えたのか

「経済学は、お金がいかに良いかを語る学問だ(1)」とウディ・アレンは言った。もちろん、物事はそんなに単純ではない。

イギリスの経済学者ジョン・メイナード・ケインズは、16世紀の海賊フランシス・ドレークがスペインから略奪して女王エリザベス1世に献上した財宝の価値を計算した(2)。1580年当時の1ポンドの価値は、350年後には実に10万ポンドになっていた。財宝の総額は、大英帝国がその全盛期にヨーロッパ外で保有していた財産全体にも匹敵する数字となった。

ケインズがこの計算をしたのは1930年のことだ。その前年にウォール街が大暴落を起こし、世界は大恐慌に突入しようとしていた。アメリカの銀行の倒産件数は1万1千件、失業率は25％に達し、アメリカ人の子どもの半数が十分な食事を摂《と》れていなかった。余波は世界中に広がり、国際貿易は停滞し、ファシズムが躍進し、暗闇がヨーロッパを覆いつくそうとしていた。ケインズのいた英国でも、１９２０年代半ばからずっと不況が続いていた。先行きはけっして明るくなかった。

だが、ケインズは楽天家だった。

ケインズは、20世紀の経済問題を解決する鍵が、フランシス・ドレークの財宝を値上がりさせたそのしくみにあると考えた。資産を正しく投資すれば、その価値は時間とともに値上がりする。利子が積み重なり、一世紀も経てば貧困のない世界が実現するはずだ。(3)

経済問題は解決可能であり、私たちはそれを超えて成長できる。いや、成長しなくてはならない。世界にはびこる悪も貧苦も過去の話にしてしまおう。粗末な家も、食料の不足も、医療制度の欠陥も。絶望も、空腹も。飢えた子どもたちも、うつろな目をした大人たちも。すべては過ぎ去った時代の話にしようではないか。

この解決策が、経済成長と呼ばれるものだ。経済を順調に成長させていけば、少なくとも欧州や米国では２０３０年頃までに経済の問題はすべて解決されるだろう。それどころか、ケインズの計算によれば、あまりに豊かなのでみんな働く必要すらなくなるはずだ。汗水たらして働くかわりに、私たちはアートや詩作にふけり、心を浄《きよ》め、哲学を語り、生きる喜びを味わい、「野に咲くユリ」を愛《め》でることができる。そのようにケインズは考えていた。

経済成長は手段であり、ゴールは野に咲くユリなのだ。

ケインズはロンドン中心部のブルームズベリーで執筆机に向かい、人の生活は市場を中心に編成されなければならない、と考えた。物質的な不足を解消するためには、それしかない。ただしケインズは、けっして市場を手放しで称賛していたわけではなかった。

嫉妬、強欲、競争。それらの価値を我々は過去200年にわたって称賛し、道徳規範の地位にまで押し上げてしまった、とケインズは嘆く。利己的な蜂がいなければハチミツは手に入らないんだから、仕方ないじゃないか。そう言って我々は良心を裏切ってきた。正義は不正、不正は正義。不正のほうが正義より使えるからだ。欲は役に立つ。嘆かわしいことに。

アダム・スミスと同様、ケインズも愛は希少なものだと考えていた。経済の機関車を動かすのは、利益の追求という燃料だ。そして機関車は走りつづけなくてはならない。貧困に苦しむ人を見れば、物質的な不足の解消が最優先であるのは明らかだ。きれいなユリや精神的満足はそのあとでいい。マハトマ・ガンディーだってこう言っている。「あまりにも貧しい人の前には、神はパンの形をとってしか現れないのです[4]」

経済人の理念はやがて私たちを豊かにしてくれる。そうしたら経済人なんか捨ててしまえばいい。経済は手段、ゴールは野に咲くユリの花。時が来たらユリの花を存分に楽しもう。今はまだ、もうすこしだけ我慢だ。

ケインズにとって経済人とは、使えるバカだった。とにかく今は働いてもらう。役目が済んだらおさらばだ。経済問題がすべて解決したとき、私たちは経済人の本当の姿を目にするだろう。「犯罪と病気に片足を突っ込んだ者、精神病院に引き渡されるおぞましい存在[5]」とケインズ自身も述べている。

ケインズは私たちが本当の意味で人生を生きられる日を心待ちにしていた。問題が解決しさえすれば、経済にかかずらう必要はなくなる。経済はみんなの悩みごとではなく、少数の技術者が扱う問題になるだろう。ちょうど歯の治療が、歯科医の仕事であるように。「経済学者が歯科医に匹敵するほどつつましく有能な人々であるということになれば、それに越したことはない」とケインズは言った。

その願いは、むなしく破れた。

＊

ケインズはまちがってはいなかった。私たちは豊かになった。世界の経済は予想をはるかに超えて成長した。1930年代初頭には、経済がいくらかでも成長するという望みさえおぼつかなかったのだ。ケインズは当時にしてはきわめて楽天的で、成長の力を強く信じていたが、そのケインズでさえ現代の中国がなしとげた繁栄は想像もできなかっただろう。30年にわたって年間9％の経済成長を遂げ、15年間で中産階級の数が1億7400万人から8億6000万人に増加したその勢いを。[6]

中国は桁外れだ。だが西洋の経済成長もケインズの予想を超えていた。経済成長率だけでなく、医療や生化学、コンピューター技術、情報通信や輸送技術もすごい勢いで進歩した。それが経済人の功績であるなら、さすがだといわざるをえない。

ではケインズが描いていた経済成長後の世界――おだやかで幸福でユリの花が咲き乱れ、経済学者が有能な歯医者のように仕事をする世界――が実現したかというと、そんなことはまったくない。

私たちの社会は、いつにもまして経済の虜《とりこ》である。「経済的な」思考は心の豊かさに道を譲るどころか、ますます深く文化のすみずみにまで染み込んだ。

ケインズは経済人とうまく取引できると思っていた。経済成長をなしとげたら、あとは手を切れると思っていた。

みんなの暮らしをよくするためには、それがベストであるはずだった。

実際、経済人は成長をもたらしてくれた。ところが経済が成長しても、経済人は手を引こうとはしなかった。

経済人はますます力を強め、世界を乗っ取った。

経済学は私たちが芸術や思想や人生を楽しむために裏方に回ることはなかった。事態はまったく逆だった。経済学が芸術や思想や人生を支配しはじめたのだ。書店には『ヤバい経済学』や『自分の中の経済学者を呼び覚まそう〔邦題：インセンティブ　自分と世界をうまく動かす〕』といったタイトルの本が並び、性生活から医者のかかり方まであらゆることを市場の法則で考えようと説いている。なかでも『ヤバい経済学』は米国で400万部の売上を記録し、世界各国でベストセラーになった。人の考えや行動はすべて市場のロジックで説明できる、と著者らは言う。経済学を使えばなんだって計算可能だ。バニラアイスクリームの効用も、人生の価値も。

あなたがチョコレートプディングが好きで、おばあちゃんと時間を過ごすのも好きだとしよう。その場合、経済学のモデルによると、おばあちゃんと過ごす時間は一定量のチョコレートプディングで埋め合わせ可能である。たとえ二度とおばあちゃんに会えなくても、チョコレートプディングがたっぷりあればあなたは満足するはずだ。そうやって人生のほとんどのことは説明できる、と経済学本は主張する。

大衆向けの経済学本だけではない。大学で研究する経済学者も、人生の大半を市場と同じやり方で分析できると考えているようだ。たとえば自殺（人生の価値は企業価値と同じようなもので、経営状態が悪ければ閉鎖だ）[7]。たとえばオーガズムの演技[8]（本物かどうかを見抜くのに必要なのは経済学的計算であって、彼女の目の見開き方や口の形や首の皮膚の赤みや体のそらせ方ではない）。

もしもケインズが米国の経済学者デヴィッド・ガレンソンを見たら、いったいどう思うだろうか。ガレンソンは統計的手法を使ってアートの価値を割りだす方法を考案した[9]。20世紀でもっとも重要な芸術作品は何か、と尋ねれば、彼は迷わずピカソの「アビニヨンの娘たち」と答える。計算の結果そうなったからだ。

数値化された情報は、容易に確信へと変わる。

バルセロナのアビニョ通りで働く、裸の5人の娼婦たち。その体は鋭角的に分解され、二人はアフリカの仮面のような顔をしている。ピカソが1907年に完成させたこの巨大な油彩画こそが、ガレンソンによれば、20世紀でもっとも重要な芸術作品である。なぜならもっとも多くの本にその画像が出てくるからだ。そうやって彼はアートを評価した。私たちが芸術にふれる体験は、ネギの価格やバイオ燃料の価格と同じように計算できるというわけだ。

経済学はもはや、私たちが芸術を楽しむために物質的必要を満たしてくれる手段ではない。そうではなく、芸術の見方すらも経済学のロジックで決定されるのが今の世の中だ。

感じるな、数えよ。

芸術作品を経済的価値に換算するのはまだ無難なほうかもしれない。なぜあの作品は1200万ドルでこちらの作品は1億ドルなのか、[10] という議論にはそれなりに意味がある。だが『アートと文化の経済学（*The Economics of Art and Culture*）』の共著者チャールズ・グレイは、さらに突き進んでこう述べた。

「アートには何か特別な価値があるとみなさん思いたがるのですが、そんなものはありません。芸術的な価値と経済的な価値のあいだに、何も違いはないのです」[11]

そう考えるなら、世の中の価値を測る手段は計量経済学ひとつで十分だ。経済の悩みを終わらせてから楽しむべきことなど、本当はなかったのだ。実在するのは経済の物差しだけなのだ。

経済人との契約を解消できると考えていたケインズは、まちがっていたのだろうか。


物質的な成長とは裏腹に、現実の経済問題は解決からほど遠いところにある。もしも経済成長の成果を世界中で公平に分けあって、70億人がみんな同じだけの富を受けとるとしたら、一人当たりの年間の取り分はおよそ1万1千ドルになる。[12] 飢餓に苦しむ人はすでにいなくなっているはずだ。ところが現実に目を向けると、かなり違った光景が見えてくる。

世界の人口の半分は、1日2ドル以下で暮らしている。そのうちの多くは女性だ。

貧困問題は女性問題であるといってもいい。貧困に苦しむ女性にとって、豊かな暮らしはあまりにも遠いところにある。それは文字どおり、遠く離れた国であったりする。自分の子どもと離れ、他人の子どもの世話をする女性。掃除婦、ウェイトレス、工場労働、農作業、セックスワーク。グローバル経済の、見えにくい側にある仕事たち。

極度に豊かな国と極度に貧しい国が隣り合い、そのどちらにおいても、大金持ちとひどく貧乏な人がすぐ近くに暮らしている。経済のグローバル化によって、西洋の女性と貧しい国出身の女性が同じ屋根の下に暮らすことも多くなった。ただし、両者は同じ世界に生きているのではない。一方は雇い主で、他方は家事やケアをする働き手だ。一方は主人で、他方は奴隷だ。

世界では毎年およそ50万人の女性が出産によって死んでいる。[13] 適切な医療へのアクセスさえあれば生きられたはずの人たちだ。国際機関はこぞって美しいデザインのプレスリリースを出し、途上国が貧困から抜けだす鍵は女性にあると指摘するが、女性の健康や教育への投資は構造的に不足したままだ。世界でもっとも裕福な米国でさえ、女性が出産で死亡するリスクは低いとはいえない。

男性の命には価値がある。女性の命は、男性の次に価値がある。医療や食べ物はまず男性に与えられ、そのあとで女性に回ってくる。そのため北アフリカや中国や南アジアの一部地域では、女性の死亡率が通常よりも高い。そもそも生まれる前から、男の子の命は女の子よりも大事にされる。技術の進歩によって子宮のなかの胎児の性別がわかるようになると、南アジアや中国や韓国、またシンガポールや台湾などでも、女児の選択的中絶が広まった。

中国の人口男女比率は女性100人に対して男性107人。インドでは女性100人に対して男性108人だ。インド出身の経済学者アマルティア・センによると、もしも医療や栄養を平等に与えられていたなら、地球上の女性の数は今より1億人多かったはずだという。[14]

1億人の「消えた女性」問題は、世界の貧困の7割が女性に押しつけられた結果だ。[15] 世界の富の4分の1が米国のたった1％の富裕層に偏っている結果だ。[16] 香港やパームスプリングスやブダペストの金持ちが家政婦やベビーシッターを雇って家事や育児をまかせ、雇われた側はスラムに住んでいるという格差の結果だ。

今の世界は、ケインズが想像もしなかった種類の経済問題を抱え込んでいる。途上国では栄養不良で人が死に、先進国では肥満で人が死ぬ。カリフォルニア州など米国の裕福な地域では、大学教育にかけるよりも多くの費用が刑務所に費やされている。[17] 親は子どもを養うために働きすぎて、子どもと話す時間すらない。みんな将来が不安で、お金の心配ばかりしている。満たされているはずの中流家庭でさえもそうだ。

一方で、際限のない消費と排他的なセレブ世界の幻想が、少数のグローバルエリートのために推進される。いまや私たちのゴールはケインズのいうユリの花ではなく、きらびやかなセレブたちだ。仕事も消費も満ち足りておだやかに暮らせるはずだった世界から、私たちはどれほど遠く離れてしまったのだろう。

＊

1991年12月12日、ローレンス・サマーズはある内部文書に署名した。サマーズといえばのちにビル・クリントン政権で財務長官になり、バラク・オバマ政権で国家経済会議委員長になる人物だが、当時は世界銀行のチーフエコノミストを務めていた。この内部文書は組織内の4人の人間に送られた。

「ここだけの話だが、環境汚染型産業の最貧国への移転を世界銀行はむしろ推進すべきではないだろうか(18)」サマーズはそう切りだした。

「アフリカの人口の少ない地域では環境汚染が不当に少ない……所得水準のもっとも低い国に有毒廃棄物をごっそり移転するのはきわめて経済合理性のある話であり、その事実から目を背けるべきではない」

この文書はサマーズ自身が書いたわけではなく、部下の若いエコノミストが書いたものだということがやがて判明する。だがサマーズが内容を読み、自分の名前を記して箔《はく》をつけたことは事実だ。さらに彼はこの文書を自分の意見であるかのように擁護している。経済合理性を考えればこの主張は妥当であり、世間の取り上げ方は文脈を無視していると。

この文書はあえて挑発的に書かれたものであると。たしかに挑発には成功したようだ。この文書がメディアにリークされると、環境保護に関心のある人たちは激怒した。仮にも国連機関である世界銀行が何を言っているんだ？　汚染物質を貧しい地域に投げ捨てるとは、いったい何のつもりだ？

いわゆるサマーズ・メモと呼ばれるこの文書を掲載したエコノミスト誌は、それにくらべて冷静な論調だった。たしかにこの文書は「内部文書にしても品がない」。だがサマーズの言うとおり、経済的には「文句なしの」議論なのではないか？

なぜ貧しい地域にゴミを捨てるのが合理的なのか、普通は首を傾げるだろう。彼らの論理を理解するためには、合理性という言葉をいったん経済学的に理解する必要がある。経済学の合理性とは、人間に関する特定の価値観を含んだ言葉だ。彼らの言う合理性とはつまり、利益がすべてということだ。

何を犠牲にしても、最安値を見つけよ。

サマーズの理屈は、こういうことだ。もしもドイツのフランクフルトからケニアのモンバサへと環境汚染型産業を移転したなら、それは双方にとって利益になる。フランクフルトではきれいな環境が手に入り、モンバサでは雇用機会が手に入る。汚染物質で食えるなら万々歳じゃないか。たしかに無神経かもしれないが、だからこそ大事なのだ。みんながきれいごとばかり言うのに対し、経済学者は現実を見るのである。好むと好まざるとにかかわらず、私たちはみんな経済人なのだから。

モンバサに汚染物質を移転すれば、住民は当然その被害に苦しむだろう。フランクフルトに住む人が汚染物質で苦しむのと基本的には変わらない。だが「景観や健康といった観点からのクリーンな環境に対する需要には、非常に高い所得弾力性があると考えられる」とサマーズ・メモは言う。つまり先進国の人ほどきれいな環境を求めるということだ。たとえば前立腺がんのリスク増加は、前立腺がんで死ぬまで長生きできる国のほうがより悪影響になる。5歳未満の乳幼児死亡率が20％の国では、環境以前に心配することが山ほどあるからだ。

西洋諸国から汚染物質と前立腺がんのリスクが輸入されてきたとしても、モンバサの住民はあまり気にしないだろう。悪い話じゃない。彼らにはお金と雇用が必要なのだ。そもそもメリットがなかったら、モンバサだって話を突っぱねるだろう。誰だって合理的に判断するはずなのだから。

ケニアが国ではなく個人だったと想像してみなさい、と経済学者は言う。[19] 国でも個人でも同じことだ。国は合理的な個人と同じように意思決定をする。ドイツも個人だと仮定して、「ドイツさん」と「ケニアさん」の取引だと想像してみなさい。

ケニアさんは貧しくて飢えている。ドイツさんは金持ちでお腹いっぱい食べている。さて、ドイツさんの庭にはポリバケツいっぱいの放射性廃棄物があって、これが邪魔である。ドイツさんはケニアさんに、200ユーロやるから放射性廃棄物を引き受けてくれないかと持ちかける。

200ユーロはドイツさんにとっては大した額ではないが、ケニアさんにとっては一財産だ。放射性物質だかなんだか知らないが、金をくれるなら引き受けようとケニアさんは言う（とにかく腹が減って放射線どころではないのだ）。こうしてドイツさんもケニアさんも満足し、みんなが豊かになる。ウィン・ウィンだ。

この話は、両者が明確な選好をもつ合理的な個人であり、すべてが利益のために動く前提で語られている。もしもそうでなかったら、たとえばドイツさんが自分で放射性廃棄物の責任をとろうとするなら、将来を見据えた技術的な解決策が見いだされるかもしれない。ところがドイツさんは、ケニアさんに押しつけたほうが安上がりだということしか頭にない。押しつけられたケニアさんは専門知識がないため、長期的な解決策を生みだすことができない。放射性廃棄物の問題は未解決のまま世界に残され、やがて世界中のみんなが環境汚染に苦しむだろう。いったいどこが合理的なのか？

この話の問題点は、ケニアさんがどんなに空腹でも合理的に判断できるという前提にある。経済モデルにありがちな欠点だ。ケニアさんは飢えに苦しみながらも、自分の選好を満たすために冷静な計算をすることになっている。ドイツさんのゴミを受けとるのも、そのほうが得になるからだ。経済合理性の話はつねに、無人島に流れ着いた二人の個人という前提を暗黙のうちに含んでいる。

そこには文脈もなく、将来もなく、人と人とのつながりもない。

「あなた方の理屈はきわめて論理的ですが、まったく正気の沙汰ではありません」(20) ブラジルの環境相を務めていたホセ・ルッツェンベルガーは、サマーズへの書簡でそう述べた。合理性を論じる人は、実際にゴミが送り込まれる地域に住んでみるといい。

中国広東《カントン》省のグイユ(貴嶼)という町には、毎年100万トンの電子ゴミが集まってくる。(21) 住民たちはゴミを拾い上げて分解し、売れそうな部品を探しだす。15万人ともいわれるゴミ解体業者の大半は小規模な家族経営で、現場で働く人の多くは女性だ。

パソコン、モニター、プリンター、DVDプレイヤー、コピー機、車のバッテリー、電子レンジ、スピーカー、携帯電話、充電器。素手とちょっとした工具だけを使い、労働者たちはそれらをひとつひとつ分解していく。ケーブルは燃やして中の金属を取りだす。電子回路の埋め込まれた基板は、熱で溶かしてチップを取り外す。チップの中の金《きん》を取りだすには、有害な化学薬品にひたして酸で溶かす。町の土壌は鉛《なまり》やクロムや錫《すず》などの重金属で汚染され、それが地下水に染み込んでいく。付近の川は真っ黒だ。子どもたちの血中鉛濃度は、近接する地域にくらべて88%も高い。

中国は電子ゴミの輸入を法律で禁じているし、北京市は電子ゴミの貧しい国への輸送を禁じるバーゼル条約に参加している。とはいえ現状、法律の効果は十分でない。アメリカで排出される電子ゴミの90%は中国かナイジェリアに送られている。

たしかにある意味では経済的かもしれない。グイユの水はすっかり汚染され、隣接する町チェンディエン（陳店）から水を運んでこなくてはならなくなった。グイユの飲料水の値段は、チェンディエンの10倍に跳ね上がった。

＊

ケインズから80年が経ち、貧困の撲滅を経済学の目標に掲げる人はあまり見かけなくなった。経済学はケインズの意図とは別物になってしまった。

富者と貧者、力ある者と無力な者、企業と労働者、男性と女性。どちらの側に立つかと訊かれたとき、ここ数十年の経済学者はつねに同じ側を選んできた。富と権力を持つ者に味方せよ、それが経済のためになる。一方で経済学の理論はどんどん抽象的になっていった。家計も企業も市場も、経済人のモデルにもとづいて論理的に構築されたフィクションにすぎない。

経済学者は自分たちのモデルを人種差別からオーガズムまであらゆる事象に当てはめることに忙しく、現実の市場の検証には興味をなくしているようだ。

ケインズの憂いた問題が解決される気配はない。それどころか、問題の存在自体が私たちの目から隠されていく。

私たちがみんな合理的な個人であるなら、人種や階級やジェンダーの問題など考える必要はないだろう。なぜならみんな自由なのだから。そう、たとえばコンゴに住む女性が、缶詰3つを手に入れるために武装組織の男性と寝ることも。チリの女性が危険な農薬をたっぷり使った農園で働き、脳に障害のある子どもを産むことも。モロッコの女性が工場に働きに出るため、長女に学校をやめさせて幼い妹や弟の面倒を見させることも。すべては合理的な意思決定だ。みんな行動の帰結をしっかり理解しているのだから、何も問題はない。みんな自由で、すべては最良の結果を手に入れるための合理的な行動なのだ。

自由という言葉は、使い方しだいでどこまでも残酷になる。

経済学者は人の本質をモデル化したつもりでいる。うまくいかないように見えるなら、モデルの吟味が足りないだけだ。データをしっかりこねくりまわせば、ちゃんと真実が見えてくる。そう、すべては経済人なのだ。

論理はひとつ。世界はひとつ。生き方はひとつ。

ユリの花？　ユリっていったい何のことだ？

第5章 / Chapter Five /
私たちは競争する自由が欲しかったのか

「私のほかに男らしいやつはいないのか！」[1]

米国でもっとも恐れられる女性実業家ジュディス・リーガンは、経営する出版社の従業員たちにそう怒鳴ったという。

私たちはいい男と結婚するかわりにいい男になったのだ[2]、と70年代のフェミニストは豪語した。

女性たちは男性を求めるかわりに、男性の持っているものを求めはじめた。それはたしかに進歩かもしれないが、話の中心にあるのは依然として、男性だ。

英国エコノミスト誌の２０１０年新年号を飾ったのは「女性の勝利！」という言葉だった。ＯＥＣＤ加盟国では大学卒業生の過半数が女性になり、職場の女性の数も男性を追い抜く勢いで増えていた。会社で二級市民として扱われてきた女性たちが、今度はその会社を経営する側になった。

しかしフルタイムのキャリアは、フルタイムの家事労働がなければ回らない。現代の女性はフルタイムで働くべきだとされるが、フルタイムの家事担当を雇えるのは一握りの人だけだ。掃除婦の家を誰が掃除するのか？　ベビーシッター自身の娘を誰が世話するのか？　こうした疑問はただの揚げ足取りではなく、現実に解決しなくてはならない問題だ。そしてその答えは、グローバル経済のまわりに張りめぐらされた複雑なケアのネットワークをたどらなければ見えてこない。

世界の移民の過半数は女性である。一部の国では、女性の割合が8割から9割にも達する。(3)移民女性は他人の家事や育児など、きつい労働に低賃金で従事する。孤独で、気の抜けない仕事だ。多くは他人の家に住み込みで働いている。雇い主の家族と生活をともにするが、けっして家族の一員としては扱われない。

住み込みの仕事では、家族とよい関係を築けるかどうかで仕事の評価が決まるといってもいい。子どもと仲良くできれば、彼女はよいベビーシッターだ。子どもたちは母親よりも、そして父親よりもずっと、ベビーシッターと長い時間を過ごすことになる。親よりシッターのほうが好きだという子もいる。しかし給料や雇用条件の交渉になると、雇い主との密な関係は事をややこしくする。いったい自分はお金のために働いているのか、愛のために働いているのか。それは両立可能なのか？

雇い主である家族は、この葛藤をいいことに彼女を安く働かせようとする。いい仕事をしてもまずい仕事をしても、住み込みのベビーシッターの立場は楽にならない。子どもがママやパパよりもベビーシッターになついたら、ママとパパは機嫌を損ねるだろう。難しい綱渡りをしながら、不安定な状況を乗りきるしかない。

ほかのどんな仕事とくらべても、住み込みの家事労働はもっとも労働時間が長く、もっとも不規則で不安定な部類に入る。ヒューマン・ライツ・ウォッチの調査によると、家事労働に従事する女性の多くは許可なく家を離れることすらできない(4)。セクハラ発言や身体的嫌がらせは日常茶飯事だが、たいていは泣き寝入りだ。有効なビザを持たずにこの仕事につく人も多いので、不法就労がばれれば国外退去になる恐れもある。毎日が不安と心配だらけだ。他人の子どもの世話をしながら、祖国に残してきた我が子のことが頭を離れない。

これが方程式の一方の側。

方程式の反対側にくるのは、香港で家政婦の仕事を見つけ、故郷フィリピンの田舎で働く男性医師と同じくらいの稼ぎを得ている女性[5]。あるいはイタリアの家庭に住み込みで働き、祖国で働く場合より7倍から15倍も高い給料を受けとっているベビーシッターたち。さて、彼女たちは本当に被害者なのか？　誰とくらべてそう言えるのか？

裕福な国へ出稼ぎに行けば、家族を養うことができる。力が手に入る。もう父親や別れた夫のいいなりになる必要はない。力は自由だ。出稼ぎ女性が祖国に送るお金は、その国への開発援助と海外からの投資の合計金額を上回ることも多い。たとえばフィリピンでは、出稼ぎ者からの送金がＧＤＰの10％を占めている[6]。

ただし、家事や育児を誰かに頼むのが経済的なのは、その時給が雇い主の側の女性（人を雇わなかった場合に家事をするはずだった人）よりも大幅に低い場合だけだ。自分の給料よりも高い値段で家事を頼むのでは割に合わない。つまり家事労働の雇用は、雇う女性と雇われる女性の恒久的な格差を前提にしているのだ。

女性たちは有給の労働市場に参入し、お金を払って家事の負担を誰かにまかせるようになった。そうするしかないからだ。フルタイムで働くなら、毎朝家を出るときに家庭の問題をいったん忘れなくてはならない。さあ仕事モードになって、バリバリ働こう。一歩踏みだそう。でも、何に向かって？

労働市場は今でも、体を持たず性差もない、孤独な利益追求型の個人を前提にしている。女性が働こうと思うなら、みずからそのような人間になるか、あるいは逆に自己犠牲を前面に押しだして等式のバランスをとるしかない。

そして多くの場合、決定権は本人ではなく周囲にある。

フェミニスト経済学者のマリリン・ウォーリングは、ジンバブエのロウヴェルトに住む若い女性の無償労働を観察した[7]。この女性は朝4時に起きて11キロ先の井戸まで歩いて水を汲みに行く。重いバケツを持って家にたどり着くのは3時間後だ。それから薪を集め、皿を洗い、昼食をつくり、また皿を洗い、畑に出て野菜を収穫する。ふたたび水を汲みに行き、夕食をつくり、妹や弟たちを寝かしつけ、ようやく仕事が終わるのは夜の9時。ところが一般的な経済モデルによると、この女性は非生産的で、仕事をしておらず、経済活動に参加していないということになる。

肉を挽《ひ》き、食事を配膳し、皿を拭き、子どもに服を着せ、学校へ送っていく。ゴミを分別し、窓枠のほこりを払い、洗濯物を選《え》り分け、シーツにアイロンをかけ、芝刈り機を修理し、車にガソリンを入れ、本を片付け、床に散らばったレゴブロックを拾い、電話に出て、掃除機をかけ、宿題を見てやり、床を磨き、階段を掃除し、ベッドを整え、公共料金を払い、シンクを洗い、子どもたちを寝かしつける。

こうした労働をなぜGDPに反映させないのか？　よくいわれるのは、測る必要がないということだ。家事の量はつねに一定であり、経済成長に寄与しないと。でも、計測すらしていないのに、どうしてそんなことがいえるのだろう？

女性は1日の労働時間の3分の2を無償労働に費やしているというデータがある。男性の場合はたった4分の1だ。(8) 農業に大きく依存する途上国ではとりわけ女性の負担が大きくなる。ネパールの女性は男性よりも週に21時間多く働き、インドの女性は男性より週に12時間多く働く。

アジアやアフリカの一部地域では男性が都会に移住し、女性が田舎に残るという構図もある。残された女性は男性の助力も国からの支援もなく、すべての家事と農作業と賃金労働をなんとかこなさなくてはならない。

「男性が自分の雇っている家政婦と結婚したら、国のGDPが減ってしまう」

これは経済学者がよく口にするジョークだ。逆に、彼が高齢の母親を老人ホームに入れれば、GDPは増加する。いかにもジェンダーバイアスの強い経済学者らしい言い分だが、この話のポイントは、同じ種類の労働でも場合によってGDPに含まれたり含まれなかったりするということだ。

結婚している女性が働きはじめると、GDPに算入される労働（家の外での仕事）に費やす時間が増えて、GDPに算入されない労働（家事やケア）に費やす時間が減る。西洋諸国のGDPが大きく伸びたのはそのためだ。しかし、この計算は正しいのだろうか。そもそも家事労働の数値はまったく測定されていないのだから、それを計算に含めれば、経済は実質的にそこまで成長していない可能性もある。[9] たしかに洗濯機や電子レンジといった便利な機器のおかげで家事労働の量は減少し、その重みは昔より減ったかもしれない。けれども、それが経済のなかでどの程度の割合を占めているのかは、誰にもわからない。測っていないものは知りようがないからだ。

経済の全体像が知りたいなら、人口の半数が労働時間の半分を割いている活動を無視するわけにはいかない。

家事はとくに測定が難しいわけではない。GDPに含まれるほかの活動とそう変わらない。たとえば農業を営む人が生産物の一部を売らずに自分で消費した場合、GDPを計算する人はたいへんな労力を費やしてその価格を計算する。ところが家事の価格については、単純に無視されている。女性の家事は自然にそこにあるものだから、計算する必要もないというわけだ。まるで空気のように、いつでもそこにあるもの。目に見えない、無尽蔵のインフラ。

カナダの統計局が無償労働の価値を測定して試算したところ、その価値はＧＤＰ全体の30・6％から41・4％という数字になった[10]。前者の数字は無償労働を有償で依頼した場合の金額に換算したもので、後者は家事に費やす時間を有給の労働に費やしていたらどれだけ稼げたかを計算したものだ。

いずれの手法をとるにせよ、その金額はとんでもなく大きい。

社会が経済的に繁栄するためには、人と知識と信用が必要だ。こうしたリソースは無償の家庭内労働によって育まれる。子どもたちが健康で幸福に育てば、社会全体が明るくなる——経済的な面においてもだ。一方、ひとりぼっちの経済人には、子ども時代もなければ成長の過程もない。いきなりキノコのように地面から生えてくるだけだ。人をそういうものとして捉えるなら、経済の大部分は存在しないことになってしまう。

女性の労働は見えなくなり、経済から排除される。

誰もが経済人であるという建前を貫くために、現代の社会は女性を経済人同様にしようとしてきた。はいはい男女同権ですよ、市場で競争する自由をあげますよ。さあ思う存分戦いなさいね。

そして女性たちは、男性によって男性のためにつくられた枠組みのなかに放り込まれた。

男性のニーズに合わせてつくられた労働市場で、無理やり自分の価値を証明しなくてはならない。女性を排除してきた市場のなかで、いないはずの女性が戦うのだから、当然いろいろな問題が出てくる。

女性を加えてかき混ぜればいいというものではない[11]。

*

1957年、当時36歳で二児の母親だったベティ・フリーダンは、かつての同級生たちにアンケートを送った[12]。大学を卒業してから15年、もうすぐ同窓会が開かれることになっていた。

名門女子大として知られるスミス大学の卒業生たちは、多くがフリーダンと同様、家事と育児にかかりきりだった。ただしフリーダンは、家事をしながら執筆の仕事も続けていた。妊娠したときに会社はクビになったが、フリーのジャーナリストとして記事を書いていたのだ。彼女は女子大の同窓生たちの暮らしを調査し、それを記事にしようと考えていた。

アンケートには心理学的な項目もいくつか含めておいた。返ってきた回答を見て、フリーダンは愕然とした。学歴もあり家庭にも恵まれた同窓生の多くが、内面では深い苦悩を抱えていたのだ。それは彼女たちがけっして表に出さない感情だった。

得体の知れない不安、欲求不満、絶望感、抑うつ――明るい郊外の戸建てで暮らす幸福な女性のイメージとはかけ離れた感情を、現実の主婦たちは抱えていた。アメリカは戦後の繁栄期にあり、宇宙開発競争や記録的な経済成長、笑顔の子どもたちのイメージがメディアを飾っていた。フリーダンの手にした事実は、そんな雰囲気にまったくそぐわないものだった。この問題をなんと呼べばいいのだろう。語る言葉はまだどこにもなかった。

フリーダンはそれを「名前のない問題」と呼ぶことにした。

不満を抱え、混乱し、安定剤を常用しながら、精神分析に振りまわされ、社会からは無視されている。それが現実の主婦の姿だった。フリーダンはそれを記事にしたが、どこの雑誌にも掲載を断られた。そこでやむをえず、記事をもとに1冊の本を書き上げることにした。

こうして1963年、『新しい女性の創造』が出版された。裕福な中流階級の女性たちが、郊外の素敵な家に閉じ込められ涙にくれている様子をフリーダンは描写した。男と結婚して子どもを産み、ひたすら献身する母親という理想像は、女性たちの心をじわじわと苛《さいな》んでいた。自分たちは弱くて未熟な存在で、家事と育児と買い物のためにつくられた生き物なんだ、と女性たちは信じ込まされていた。暮らしに不満を感じればノイローゼだといわれた。薬を飲みなさい、浮気でもしなさい、洗濯機を買いなさい。気分がよくなる薬と一緒に、女らしさの理想をそっくり呑み込んでしまいなさい。

『新しい女性の創造』はたちまち200万部以上の売上を記録し、大規模なフェミニズム運動の火付け役となった。評論家のアルビン・トフラーにいわせれば、「歴史の引き金を引いた」[13]のである。

女性が何を達成できるか、何になれるか、何を言えるか、何に興奮するか。そこに張りめぐらされていた暗黙の壁は、たった一世代のうちに打ち壊された。反対派が動きだす暇もないほどの速度で変化は進んだ。現代の私たちがテレビドラマ『マッドメン』を見ると、たった50年前の女性たちがこんな世界に生きていたのかと驚いてしまう。1960年代のニューヨークを舞台にしたこのドラマは、当時の広告業界とそこに関わる人間模様を描いて大ヒットした。独善的なヘビースモーカーの白人男性たちはなみなみと注いだウイスキーと男の絆に酔い、ペギーやジョーンやベティといった女性たちは無視され、セクハラされ、存在しないものとして扱われる。今こんな職場があったら大問題になるだろう。

そうした変化にもかかわらず、社会が女性の自己肯定感を育むことに成功しているとは言いがたい。女子生徒は男子生徒よりいい成績をとっても、自信が持てずにいる。うつ病はもはや女性の病気だ。多くの女性が自分はダメだと感じている。エネルギーが足りない、体力が足りない、わけもなく強い不安におそわれる。心身の限界を感じているのは看護師やケアワーカーだけではない。給料のいい民間企業で働く女性たちも、男性より高い頻度で心身を壊し、休職に追いこまれている。北欧ですら、そうなのだ。北欧は家庭とキャリアの両立がしやすい国々として世界から注目されているが、それでも女性たちは悩み、苦しんでいる。

「ワークライフバランス」という言葉は、公私の明確な区別を前提にしている。私たちは二つの世界を行き来しながら生きている。

でも、その線引きを変えることはできないのだろうか?

女性は今でも、経済人の世界への平等なアクセスを求めて戦っている。女は使えないと言われないために人よりがんばって働き、成果を上げる。だが同時に、家庭のこともきちんとできなければいけない。男性は仕事だけしていればいいのに、女性が同じことをするとダメな女だと言われるのだ。仕事と家庭のバランスは「女性の」問題とされ、その解決は女性に丸投げされる。もっと堂々とふるまいなさい、残業を減らしなさい、理解ある伴侶を見つけなさい、やることリストを工夫しなさい、生活をシンプルにしなさい、バッグの中身を捨てなさい、ヨガをやりなさい、時間をもっと管理しなさい――。

彼女の体はもはや生きた人間のものではなく、いつ妊娠するかわからない時限爆弾だ。昇進のために必死で働いているあいだも、カチカチと時は刻まれていく。

そして時がくると、彼女の本当の姿があらわになる。経済人ではない、女性の姿が。

子どもを宿したときから、それまでのやり方は通用しなくなる。公私を分けておくのはもう不可能だ。ふくらんだおなかを私生活の領域である家に置いてくることなどできない。私生活の一部を持って出勤し、またそれを持って家に帰る。それは自分の一部であり、自分自身なのだから。

いったいどうすればいいのか。経済人を前提にした職場は、そんなものを受け入れてくれない。

経済人の胸から母乳があふれ出ることはないし、ホルモンに振りまわされることもない。彼には体がないからだ。

赤ちゃんが経済人に向かって吐き戻すことはない。

そんなことは起こりえない。

研究によると、先進国の女性の幸福度は１９７０年代のレベルから徐々に低下している。(14)

この現象は全般的に広がっていて、出身階層の違いや独身・結婚の区別、収入の多寡《たか》、住んでいる国、子どもの有無などに関係なく見られる。西洋諸国の女性は一般に、人生にあまり満足していない。一方、男性は概して70年代よりも幸福度が上がっている。

これが「平等」の結果なのか。それとも幸福の測り方がおかしいのだろうか。幸福を測ること自体が無謀な試みなのだろうか。こうした論争に決着はついていない。欧州では男性と女性の幸福度がどちらも上昇してきているが、やはり男性のほうが上昇率は高い。英国では男女の差はそれほど見られず、例外として離婚した父親は幸福度が低くなっている。(15) しかし先進国全体で見れば、女性は男性よりも強いストレスにさらされ、時間に追われている。階層や職業の違いではなく、明らかにジェンダーによる違いだ。ところが女性が幸福ではないというとき、悪者にされるのはきまってフェミニズムである。「経済人の世界で女性は苦しんでいるのだから、やっぱり女性は家にいるべきだ」という理屈にされてしまう。

ミュージカル映画で一世を風靡《ふうび》した伝説のダンスコンビ、ジンジャー・ロジャースとフレッド・アステアをご存じだろうか。女性のジンジャーは男性のフレッドとまったく同じ動きをこなした。ただし、後ろ向きで、足にはハイヒールを履いて。これが要するに、女性のやっていることだ。女性は男性と同じ役割をこなすことを求められるが、男性は必ずしもその逆を求められない。仕事と家庭の線引きは昔と何も変わっていない。新たなやり方を探すかわりに、二つの世界を不器用にくっつけただけだ。よりよい生き方を探そうとしても、そこには選択肢が致命的に欠如している。

現代の女性たちは「すべてを手に入れる」ことができずに引け目を感じている。たとえヘビースモーカーの男性上司から虚仮《こけ》にされなくても、自分で自分を否定してしまう。いまや女性が部下を持ち、責任ある立場についているとしてもだ。

フェミニズムとは女性がパイの分け前にあずかろうということではなく、まったく新しいパイを焼くための運動だ、とグロリア・スタイネムは言った。でも、そう簡単にはいかなかった。私たちの社会がやってきたのは、せいぜい女性を加えてかき混ぜることだった。「なりたいものになれる」という見栄えのいいスローガンは、「あらゆる役割をこなすべきだ」と読み違えられてきた。「何だってできる」は「何でもやれ」にすり替えられてきた。

できないなら、おまえは失格だ。

ベティ・フリーダンが『新しい女性の創造』を書いてから半世紀以上が経ち、私たちは別の種類の「名前のない問題」に直面している。フェミニスト作家ナオミ・ウルフの言葉を借りるなら、私たちは娘の世代に「ありのままでいい」という成功の定義を残すことができなかったのだ。

もっとうまくやれ、もっとたくさんやれ、競争相手を蹴落とせ。経済人の理想が女性の規範に加わった。西洋で推し進められた女性の解放は、やるべきタスクをどんどん増やし、一歩踏みだす野心のリストになってしまった。本当はもっと、いろいろな種類の自由が得られるはずだったのに。

ありのままでいられる自由が。

本当はみんな、男らしくなくていい。競争社会でバリバリ戦えなくてもいい。

新しい女性とは、ペニスのついた女性のことではなかったはずだ。

第6章 / Chapter Six /

ウォール街はいつからカジノになったのか

対空砲で上空の戦闘機を撃ち落とそうとしているところを想像してほしい。いま戦闘機がいる場所を狙って対空砲を撃っても、弾は当たらない。発射してから弾が届くまでのあいだに、戦闘機の位置が変わってしまうからだ。

対空砲を撃つ場合、弾が届くときに戦闘機がどの位置に移動しているかを予測して狙う必要がある。戦闘機のパイロット側もそれを知っている。だから弾を避けるために、なるべく予測のつかない動きをしようとする。

右へ、左へ。左へ、右へ。

対空砲が狙ったのと同じ方向に戦闘機が進めば、パイロットの命はない。逆方向に進めば、パイロットは逃げきれる。

パイロットが予測しづらいランダムな動きをするのと同様、対空砲を撃つ側も相手に予測されないように狙いを変えていかなくてはならない。いつも同じ側を狙っていたら、パイロットがそれに気づいて容易に弾を避けてしまうからだ。右、右、右、それなら左に飛べばいい。もちろん地上にいる側も同じく、パイロットの癖を予測しようとする。左に避ける確率が高いと見れば、対空砲は左側を狙っていく。

1944年、数学者ジョン・フォン・ノイマンはいま述べたようなシナリオを、二者間の利害が対立するゼロサム・ゲームとして説明してみせた(1)。パイロットの行動を決めるのは、どうすれば自分が有利になるかというロジックだ。操縦するのが人だろうと機械だろうと関係ない。人の心が入り込む余地はないからだ。

パイロットの意思決定は、母親との関係や育った環境によって決まるのではない。内向的かどうかは判断に影響しないし、9歳までおねしょが治らなかったコンプレックスもぜんぜん関係ない。パイロットがどんな人間であれ、彼はノイマンの計算したとおりに行動するはずだ。ロジカルな状況分析にもとづく、冷静で合理的な駆け引き。

一人ひとりの経験や特徴を分析するよりも、すべての人に共通するコンピューターのような部分に注目したほうがいい、とノイマンは考えた。コンピューターといっても現在とはちがって、大量の真空管とケーブルと無数のスイッチが組み合わさった巨大な電子計算機の時代だが。

人生とはゲームであり、プレイヤーの行動は個人を包括するシステムによって決定される。あなたがいま右足を動かしたのは、自分の意志ではなく、そう仕組まれていたからだ。人類も世界も歴史も、あらかじめプログラムされた機械的な力によって動かされている。船に船長はいない。そんなものは必要ない。

アダム・スミスの経済人は急速に進化を遂げ、全速力で宇宙時代に突入しようとしていた。

＊

ジョン・フォン・ノイマンとオスカー・モルゲンシュテルンの共著『ゲーム理論と経済行動』は１９４４年に出版され、ここにゲーム理論が誕生した。ゲームという言葉は、ほかのプレイヤーが意思決定をすることをふまえて自分の意思決定をするような状況を指している。それぞれのプレイヤーの動きが状況を変化させ、とりうる動きを決定する。だからそれは単純なパズルゲームではなく、ポーカーのようなゲームだと考えてもらえばいい。

互いにだましあい、裏を読みあう心理戦だ。さまざまに勘ぐりながら、誰もが合理的に次の一手を決める。

初期のゲーム理論は、経済学の古くからの夢を引き継いでいた。数学を使って社会という書物を読み解けば、あらゆる秘密が解き明かされるという夢だ。ノイマンはゲーム理論がやがて社会全体をくまなく説明できると確信していた。

ジョン・フォン・ノイマンは1903年、ハンガリーのブダペストに生まれた。当時隆盛をきわめていたブダペストには、科学者や作家やアーティストや音楽家、それに文化を愛好する大金持ちがひしめいていた。

「何を計算してるの?」ぼんやりと宙を見ていた母親に、6歳のノイマンがそう尋ねたというエピソードが伝わっている。

ジョン・フォン・ノイマンの幼い頃の名はヤーノシュという。父親はユダヤ系の裕福な銀行家で、貴族の称号「フォン」をお金で購入し、その称号を息子に継がせた。18歳になるとノイマンはベルリンとチューリッヒの大学で化学を学び、数年後に数学で博士号を取得した。第二次世界大戦前のきな臭い情勢のなかでノイマンはアメリカに移住し、プリンストン高等研究所のポストを手に入れた。そこでゲーム理論の共同研究者オスカー・モルゲンシュテルンと出会うことになる。モルゲンシュテルンはウィーンの出身だったが、アメリカ滞在中にヒトラーのオーストリア併合が起こり、アメリカにとどまってプリンストン大学の職を得ていた。ちなみにモルゲンシュテルンの祖父はドイツの皇帝フリードリヒ3世だったと言われている。

『ゲーム理論と経済行動』の出版から1年後の1945年、ノイマンは米国が新しく開発した原子爆弾の標的を決定する会議に招かれた。彼がマンハッタン計画のメンバーになったのはその2年前で、原子爆弾の設計にも関与していた。ちなみにマンハッタン計画のメンバーには、ノイマンと同じくハンガリー出身の科学者が多かった。なぜ統計的に偏った数のハンガリー人が米国のプロジェクトに参加しているのかと訊かれれば、ノイマンはこう答えた。「中欧に対する外圧、個々人を突き動かす無意識的な不安、並外れた成果を上げる必要性、民族消滅の危機といった文化的要因が重なった偶然である[2]」。さて、日本のどの都市に原爆を落とすのがもっとも効果的か。ノイマンは「爆発の規模、予想される損害、どの距離までの人間を殺傷できるか[3]」を計算した。

ノイマンの出した答えは、京都だった。しかし陸軍長官ヘンリー・スティムソンがこれに反対した。京都ではあまりに歴史的・文化的な重みがありすぎる。そこで8月6日、京都のかわりに広島に原子爆弾が投下された。リトルボーイと呼ばれるこの爆弾は、広島市の中心部の上空およそ600メートルで爆発した。摂氏4000度の熱が家々を溶かし、爆風が建物や橋を粉々に吹き飛ばした。熱線で全身が焼けただれた人々が悲鳴を上げながら太田川へ飛び込み、水面は無数の死体で埋めつくされた。そして黒い雨が降った。火を逃れた人は雨の放射線に殺された。死者数は続く数か月のあいだにもどんどん膨れ上がった。

広島から数日後、長崎に第二の原爆が落とされた。

第二次世界大戦が終わると、冷戦が始まった。ノイマンのゲーム理論は時代の流れにぴたりと合っていた。あるいは逆に、ゲーム理論が流れをつくったのかもしれない。経済人はトレンチコートをまとったスパイとなり、東西の覇権争いの只中にまぎれこんだ。地球上の人間の生死は、米国とソ連が向き合うチェス盤の上で決められていった。まだインターネットや国際テロ組織が登場する以前の話だ。東西のリーダーたちは赤い電話機でコンタクトを取り、全面戦争に突入すべきかどうかを話しあった。まるでチェスのような駆け引きがおこなわれた。次の一手をどう打つかで世界の未来が決まっていく。狭くて広大なチェス盤を支配するのは合理的なロジックだった。あらゆる駒は理性のルールのもとで、次に動ける場所をじわじわと絞られていった。

広島は不可避の選択だったと言う人がいる。数学的に考えて、それ以外の選択肢はなかったのだと。

冷戦時代には、原爆でソ連を吹き飛ばすのが最善の策だとささやかれていた。ソ連がアメリカを吹き飛ばす前に先手を打つべきだ、と当時のゲーム理論専門家たちは主張した。まさか平和的なデモや衛星放送やポーランド出身のローマ教皇やチェルノブイリの原発事故やロック音楽やチェコの劇作家〔劇作家ヴァーツラフ・ハヴェルはチェコの民主化運動を率い、平和的な「ビロード革命」を成功させた〕や、市民に銃を向けることを拒否したライプツィヒの政治家たち〔東ドイツのライプツィヒで民主化を求める「月曜デモ」が起こり、政権側は武力鎮圧を主張したが、地元政治家がこれに反対して衝突を防いだ〕が冷戦終結をもたらすなんて、誰も計算していなかった。

戦争や紛争がきわめて合理的な計算のうえに実行されるという考え方は、現在でも影響力を持ちつづけている。大国の殴り合いの舞台がベルリンやウィーンやワルシャワを離れてカブールやテヘランやペシャワルに移ってからも、基本的なスタンスは変わらない。ゲーム理論が問題にするのは個々の対立の事情ではなく、戦争を予測できるパターンだ。(4) 「癌を研究するように」戦争を研究するのだ、とゲーム理論の専門家は言う。個々の患者の体質や既往歴を調べるよりも、癌細胞がどのようなふるまいをするかを調べたほうが役に立つ、と。

理論的にいって、もしも戦争が合理的でないならば、戦争は起こらない。だから戦争をなくすためには、単に戦争のコストを引き上げればいい。ほかにもっと低コストな解決策があれば、合理的な経済人は暴力に訴えたりしないはずだ。さあ、戦争よりも安い戦い方を教えてやろう。

*

ジョン・フォン・ノイマンは1957年に亡くなった。彼の残した業績は広島への原爆投下だけでなく、コンピューターの開発から、北極の氷を黒く塗って北欧をハワイのような気候にしようという残念なプロジェクトまで多岐にわたっている。

ゲーム理論はやがて現代経済学に応用され、博士の異常な愛情[5]は爆弾からウォール街へとその向きを変えた。

それまでの経済学は金融市場の個々のトレーダーではなく全体の動きをモデルに落とし込もうとしていたが、1950年代から1960年代にかけて流れが変わった。ゲーム理論で個々のプレイヤーの動きが予測可能になったのだ。

企業は株を発行してお金を手に入れ、そのお金で業務を拡大し、新しい店舗をオープンしたり人を増やしたりする。株を買った人は、株式市場でその株を売り、別の企業の株を手に入れる。いくらで株が売れるかは売り手と買い手によって決定され、それに応じて株の値段が上がったり下がったりする。この株価が今度は、それを発行した企業の資金調達力を左右することになる。そうした株の現物からもっと抽象度が上がると、インデックスファンドやデリバティブなどの金融商品になってくる。株式の売買が企業の価値にお金を賭けるものだとすれば、デリバティブはその賭けの値段にお金を賭けるイメージだ。そこに投資されたお金は現実の企業に結びつくのではなく、形のない数値のまま株式市場を循環する。

経済学の数理モデルはこうした市場のさまざまな動きを単純化し、扱いやすくしようというものだ。もともとは経済をよくするためのものだった。しかし行きすぎると、現実から乖離《かいり》した数字は深刻な事態をもたらしうる——たとえば、2008年の金融危機のように。ノイマンの時代以降、金融業界はますます抽象化の度合いを高め、1980年代には抽象的な数字が金融業界の大半を埋めつくすようになっていた。

物理学者が物質やエネルギーの法則を定式化したのと同じやり方で、金融業界は株式やデリバティブの法則を定式化しようとした[6]。

問題は、経済学と物理学ではその性質が異なることだった。物質やエネルギーと同じやり方で経済を扱うのは無理があるのだ。物理学では同じ実験を何度も繰り返し、そのたびに同じ結果を再現できる。リンゴから手を離せば、かならず地面に落ちる。だが経済学ではそうはいかない。「電子がものを考えるとしたら、物理学はひどく難しい学問になっていたでしょう[7]」と言ったのはノーベル賞物理学者のマレー・ゲルマンだ。市場は人間で成り立っていて、人間はものを考える。それどころか感情まで持っている。ロジックで動くゲームとはわけが違うのだ。無理やりそういうゲームに変えてしまわないかぎりは。

ゲーム理論という道具を手に入れた経済学者たちは、サイコロゲームやルーレットを研究することで市場を理解しようとしはじめた。世界がゲームなら、金融市場はカジノである。もっともな論理ではないか。

「ウォール街は巨大なカジノだ。実際のカジノよりもずっと大きくて、ずっとおもしろい[8]」とエドワード・ソープは言った。

ソープは数学者であり、ブラックジャックでカジノを制したプレイヤーであり、のちにヘッジファンド・マネジャーとして大儲けした人物である。1962年に著書『ディーラーをやっつけろ！』を出版し、数学を使ったブラックジャック必勝法を説いて脚光を浴びた。その5年後、今度は『マーケットをやっつけろ（*Beat the Market*）』という本を書き、数学を使って株式市場を制する方法を論じた。ラスベガスだろうとウォール街だろうと、確率統計を使えば予測可能だ。企業の株価は確率問題。すべては数学的に解決できる。

経済学者たちはカジノのゲームを扱うように、株式市場の法則性を予測するモデルを組み立てはじめた。カジノでサイコロを振るとき、出た目の数は次に出る目に影響しない。すべての試行は独立している。これを株式市場に当てはめるなら、株価の動きは過去のできごととは独立に、いわば記憶を持たない形で予測できることになる。株価がこれから上がるか下がるかは、ルーレットの球が赤に落ちるか黒に落ちるかと同様、純粋に確率的に決定される。昨日何があったかは関係ない。市場はすべてを忘れてくれる。朝になれば、まっさらな状態でスタートだ。

こうした考え方と手を組んで発展してきたのが、市場の動きはランダムであると主張する「効率的市場仮説」だった。効率的市場仮説によれば、株価には現時点で利用できるあらゆる情報がすでに織り込まれているため、割安な株を買って儲けるといったことは基本的に誰にもできない。市場はつねに最適の価格を提供している。したがってバブルは起こりようがないし、仮にバブルの状態になったとしても、市場は自動的に価格を調整してくれる。

介入しないのが一番。市場にまかせるのが一番だ。

こうした理屈が通るためには、いくつかの前提が必要になる。まず、株式市場のあらゆるプレイヤーが完全に合理的であること。次に、売る人も買う人もみんなが正確に同じ情報を持っていて、その情報を一様に解釈すること。そして、個々のプレイヤーは誰からも影響されず、独立して意思決定をおこなうこと。

市場は膨大な情報を一瞬にして呑み込み、あらゆるものを見通す力を手に入れる。入手可能な情報がすべて自動的に、瞬時に市場に行き渡るのだ。アダム・スミスの見えざる手が人の欲望に秩序を与え給うたのと同様、市場は高次の集合意識となり人の行動を導き決定する。市場はけっしてまちがえない。あらゆる価格や動きをたえまなく調査し把握する、その知の集合体こそが市場の意識なのだから。

*

神学者は効率的市場仮説を神の言葉になぞらえた。[9] たしかに似ているかもしれない。誰よりも多くを知り、人の欲望を満たし、すべてを決定する万能の力。人は大昔からそんな幻想を抱いてきた。だが効率的市場仮説ほどに現実的な力を持ったものはなかった。

アダム・スミスは、あらゆるものに「自然価格」があると述べた。ものの値段はつねに自然価格という適正な価格に引き寄せられる。砂糖の値段は諸々の事情で高くなったり安くなったりするけれど、あまり離れると自然価格に戻ろうとする力が働く。ただし、すべてが自然価格に落ち着くことはけっしてない。そんなことになれば、経済はその場に停止してしまう。つねにさまざまな方向に引っぱられながら、そのなかで平衡を保とうとする、そういう動的なバランスが経済を生かしているのである。

やがてこの考え方にもとづく価格のモデルがつくられた。市場は需要と供給によって動かされている。傘がたくさんあり（供給が大きい）、欲しい人が少なければ（需要が小さい）、傘の価格は下がる。逆に傘があまりなく（供給が小さい）、欲しい人が多ければ（需要が大きい）、傘の価格は上がる。

こうした市場観は科学的というより、むしろ詩的に聞こえる。なめらかに完結した世界だ。あらゆる情報はさえぎるものなく流れ、情報を受けとった人は正しく使い方を知っている。もちろん実際の市場はそんなに完璧ではなく、いたるところにデコボコがある。効率的市場仮説は現実の描写ではなく、完璧な世界を描いた夢物語だ。ソ連のようにならないための、私たちのストーリーなのだ。

それは心安らぐ物語かもしれない。しかし完璧に合理的な経済人という仮定から経済を語っても、あまり意味がない。摩擦のない世界で経済人が合理的な取引をするのなら、経済のシステムはどんな形であってもいいはずだ。誰もがすべての情報を頭に入れて最適な行動をとるのなら、経済はあらかじめ決められたとおりに動くだろう。それなら中央集権的な計画経済であっても変わらないではないか。

経済学の数理モデルがどんなに精巧にできていようとも、それが現実からかけ離れた前提にもとづいているかぎりは、現実を正しく予測できない。効率的市場仮説は「金融の歴史のなかで最大の失敗[10]」であったとも言われている。

市場はあらゆるものに正しい価格をつける機械ではない。投資家のジョージ・ソロスはむしろ真逆のことを言っている[11]。市場はつねに、まちがっているのだと。人はまちがった知識をもとに投資をおこない、その完璧とはいえない行動が市場を動かしていく。この事情を理解した投資家だけがジョージ・ソロスのような大金持ちになれるのだ。少なくともソロス本人は、そう主張する。

ゲーム理論の世界では、対空砲を避けようとする戦闘機に人が乗っていようといまいと関係ない。どちらに進むかを決めるのは、人の意志ではなく合理的なロジックだ。けれども実際の金融市場はそんなに単純ではない。市場を構成するのは、人なのだ。投資家の行動は他人に左右されるし、感情にも左右される。

経済はひとつの設計図にもとづいて無数の部品が動く機械ではないし、正しい価格に向けて自動的に調整されるロジックが組み込まれているわけでもない。経済を形づくるのは、関係性のネットワークだ。設計図があるとすれば、それは内側から立ち上がってくるようなものであり、全体との関係においてしか意味をなさないものであるはずだ。


経済人の生きている世界は、互いに隔離されたできごとが並んだだけの、つながりのない世界だ。ひとつの場面がぷつりと途絶え、次の場面が唐突に始まる。過去と現在と未来のあいだには何の関係もない。だが現実には、投資家はひとりぼっちではない。経済のロジックに囚われながらも、それを書き換えていく存在として、協力して市場を動かしている。全体は部分の集合であると同時に、それ以上のものだ。そして時間は複雑に絡み合う。昨日の記憶や明日への期待が現在を形づくる。何を期待するかによって、何を覚えているかは変化する。そして過去の記憶をもとに、人は未来を期待する。

それにもかかわらず、合理的な市場のモデルは1990年代まであまり批判的に検討されてこなかった。あまりに美しすぎたのだ。そのシンプルな動きは人を魅了した。高度な数学を身にまとったセクシーなモデル。ウォール街の投資家から大学の研究者まで、みんな美しい幻想に夢中になった。誰もそれを疑おうとはしなかった。
2008年9月15日、リーマンが破綻したその日にも。

第7章 / Chapter Seven /

金融市場は何を悪魔に差しだしたのか

文豪ゲーテの代表作『ファウスト』は、経済について何を教えてくれるだろう?(1)

ファウスト博士は悪魔メフィストフェレスと契約を交わし、自分の魂と引き換えに現世のあらゆる体験を味わいつくそうとする。この戯曲の第二部は、皇帝の城から始まる。皇帝は深刻な財政問題を抱えていた。国では金《きん》を通貨にしているが、支払いに足りるだけの金の在庫がない。費用はかさむばかりで、このままでは財政破綻は避けられない。

しかし陛下、悩む必要はございませんよ、とメフィストフェレスがささやく。金が不足しているとおっしゃいますが、そんなものはどこからでも掘りだせる。地面の下には金がたっぷり埋まっています。誰かがそのうち掘りだすでしょう。今はまだ掘りだされていないとしても、存在していないことにはなりません。金があるのだと皆が思えば、それで十分。この大地は皇帝のものなのですから、埋もれた金はすべて皇帝のもの。それを担保に紙幣を発行すればいいじゃありませんか。

そうしてメフィストフェレスは皇帝のために紙幣を刷り上げた。皇帝の負債はいっぺんになくなり、国は一夜にして魔法のように豊かになった。ただしその富を支えているのは金の実物ではなく、紙に書かれた約束だった。

国の富は膨れ上がり、同時にリスクも膨れ上がる。

ちなみにゲーテは世界的な文豪であるだけでなく、ワイマール公国の財務大臣を務める政治家でもあった。

＊

お金はこれまで、形あるものから形ないものへと移り変わってきた。[2] 経済が生まれた頃、通貨に使われたのは数えやすく、役に立つものだった。貝殻、家畜、塩などだ。牛10頭と引き換えに土地が買えるのは、牛が食料になるし冬の寒さにも強いという単純な理由によっていた。中央アジアのキルギスでは、近代にいたるまで馬が通貨の役割をはたしていた。もうすこし小さな支払いには羊を使い、子羊は小銭のかわりだった。

ゲオルク・ジンメルは著書『貨幣の哲学』のなかで、私たちにとってお金とは神のようなものだと述べている。神が絶対であるのと同様、お金も絶対的な交換手段として存在している。

お金がない世界で牛を手に入れようとすれば、牛を持っている相手が欲しがっているものをあなたが持っていなくてはならない。「鋤《すき》が欲しい」と言われて鋤を持っていなければ、交換は成立しない。相手が望んでいないものを差しだしても牛は手に入らない。経済学でいうところの「当事者双方の合意」が成り立たないわけだ。

一方、お金があれば相手の欲しいものをわざわざ用意する必要はない。鋤が欲しいと言われたら、鋤を買えるだけのお金を払えばいい。牛を持っている人が今すぐに欲しいものを思いつかなくても、とりあえずお金を受けとっておけば、あとで何か欲しいものができたときに交換できる。

お金のひとつの役割は、こうして将来のために価値を保存することだ。おかげで取引が簡略化され、さまざまな取引が盛んにおこなわれるようになった。価値の交換はその場で完了するかわりに、将来のどこかの時点へと持ち越された。

紀元前1200年頃の中国では、インド・太平洋海域でとれた貝殻がお金として使われていた。その後、本物の貝殻のかわりに銅などの素材で貝殻の模造品がつくられ、お金として流通した。これがやがて丸く平たい形になり、紐で束ねるための穴が開いた硬貨に発展していった。

西洋では神々や皇帝の顔をかたどった銀貨がつくられた。現在のトルコにあたる地域で鋳造技術が生まれ、これがすぐにギリシャやペルシャ、マケドニア、のちにはローマへと伝播した。中国の硬貨が青銅のような手頃な金属を使っていたのに対し、西洋の硬貨は金や銀など貴重な金属でつくられることが多かった。

時代は下り、紙が登場する以前の過渡期には、鹿の革を紙幣同様に使う地域もあった。そして10世紀頃には、中国で世界初の紙幣が流通しはじめた。この紙幣はおよそ500年間使われたが、インフレを理由にいったん廃止された。紙幣をどんどん刷ればいいという誘惑はあまりに大きかったのだろう。戦争で出費がかさみ、紙幣の量は増え、その価値は何も買えないほど低くなってしまった。ただの紙切れ同然になった紙幣を捨て、中国は銀をベースにした経済に戻った。

ほんの数十年前まで、国の通貨は金や銀の価値と結びついていた。1816年にイギリスが金本位制を導入し、貨幣の価値を金の重さに対応させた。この頃には紙幣が流通して久しかったが、この紙幣の価値も金の価値と直接結びつけられた。アメリカでは金銀併存を経て1900年に金本位法が成立し、数年後に設立された連邦準備制度（アメリカの中央銀行にあたるもの）が通貨の管理を受け持った。

1945年には、国際的な通貨の安定をめざすブレトンウッズ体制が成立した。連合国45か国の代表がアメリカのニューハンプシャー州にあるブレトンウッズという小さな町に集まり、米ドルを基軸として通貨の為替レートを固定する協定に合意した。各国通貨の価値は米ドルによって保証され、いつでも決まったレートで米ドルと交換できる。その米ドルの価値は金本位制によって、金の価値に裏づけされていた。金は錆《さ》びないし、滅びない。そして金は希少だ。これまでに世界で掘りだされた金をすべて合わせても、一辺の長さ20メートルほどの四角い箱に収まってしまう。そして希少なものには、価値がある。

1971年に米国がドルと金の交換を停止し、ブレトンウッズ体制は崩壊した。いまや紙幣の価値を支えるものは何もない。財布のなかの紙に価値があるのは、ほかのあらゆる商品と同じ理由による。

みんなが欲しがるからだ。

あなたがお金を欲しいと思うのは、他の人たちがお金を欲しいと思うからだ。みんなお金が欲しいから、お金と引き換えに商品やサービスを提供してくれる。みんながお金の価値を信じているかぎりは、働いてお金を手に入れることに意味がある。こうしてお金は回っている。

現代の中央銀行の役目は、私たちがドルや円やユーロの価値を信じられるようにすることだ。大事なのは金庫の中身よりも、信用と評判を保って誰にも疑いを持たせないこと。要するにイメージと心理の問題である。みんながお金の価値を信じなくなれば、その瞬間に経済は崩壊する。

お金は社会的に構築されたものだ。金融市場は宗教によく似ている。

すべては信じることから始まった。

古代ギリシャの哲学者アリストテレスは、紀元前6世紀の哲学者タレスが作物の収穫を予言して金儲けをした話を語っている。タレスは自然科学の知識をもとに翌年のオリーブの豊作を見抜き、冬のうちにその地域にあるオリーブの搾油機を全部借りる契約をした。搾油機の持ち主たちにしてみれば、たとえ不作でも借りてもらえるのだからおいしい話だ。タレスはかなり安い値段ですべての搾油機を自分のものにし、収穫の季節を待った。そしてタレスの予言は的中し、オリーブは前代未聞の大豊作となった。農家の人たちはあわてて搾油機を手配しようとしたが、どこにも在庫は残っていない。タレスは料金を上乗せして農家の人たちに搾油機を貸しだし、差額で大儲けした。

タレスのやったことを現代風にいうなら「オプション取引」だ。

金融の世界のイノベーションはいつでも、時間とお金の組み合わせをあれこれ変えることで生まれてきた。時間の要素が絡んでいるために、金融商品には後ろ暗いイメージもあった。時間をつかさどるのは神であり、人の手出しできる領域ではないからだ。お金を貸して金利をとることは「時を売る」行為とされた。お金を借りる人は、たとえば1年かかって稼ぐはずのお金を先に手に入れて、欲しいものを買う。貸す側はその1年の期間を金利というお金に換えて儲けるわけだが、時間に値段をつけるのは、神を冒瀆《ぼうとく》する行為ではないのか。

アリストテレスは高利貸しを悪だと考えていた。「お金からお金を生みだす」行為は自然の摂理に反するからだ。こうして生まれたお金は汚れたお金であり、正しくないお金である。お金の近親相姦である。お金がお金を生むしくみは、性的倒錯として見られていたのだった。

それに異を唱えたのが、16世紀スイスで宗教改革を起こしたジャン・カルヴァンだ。カルヴァン派プロテスタントの創始者である彼は、田舎で作物を育てるのも都会で店や会社を大きくするのも同じではないかと考えた。商売で得たお金は、貴重な労働の対価だ。それを増やして何が悪い。カルヴァンはキリスト教の考え方を更新し、急増する都市型中産階級の暮らしに合う教えを広めていった。

金貸しも金利も金儲けも、神の教えに背くものではない。堂々とやればいい。

こうしてプロテスタントと資本主義が手を結んだ。

金融商品はさまざまなやり方で、お金のリスクを扱っている。余裕がない人たちのリスクを余裕のある人が引き受け、それによって報酬を得る。タレスの予言は不確実性を含んでいた。オリーブ畑は火事になっていたかもしれないし、予想に反して霜《しも》でやられていたかもしれない。タレスはそのリスクを自分で引き受けたから、豊作の利益を余分に受けとることができたのだ。金融市場はそうやって利益を生むので、リスクがなければ儲からないという奇妙な状態になっている。ただしリスクがあまりに大きすぎると、耐えきれずに潰れてしまう。

*

伝説的ロックスター、デヴィッド・ボウイは、お金を必要としていた[3]。1997年のことだ。50歳になったボウイは、元マネージャーのトニー・デフリーズから自分のヒット曲の権利を買い戻そうと決意した。マネージャーを辞めたあとも、デフリーズはボウイの著作権でかなりの収入を得ていたのだ。

ボウイは別に困窮していたわけではない。曲は売れ、お金は入ってきていた。アルバム25枚、曲数287曲から得られる著作権収入は、このさき数十年は途切れそうになかった。だが、権利を買い戻すためには、今すぐまとまったお金が必要だった。

そこで彼は「ボウイ・ボンド」と呼ばれる独自の証券を売りだすことにした。これは自分の作品から将来的に得られるであろう著作権収入を証券化した債権で、購入者はお金を払ってそれを買うかわりに、将来その著作権収入を受けとることができる。そしてボウイは毎年少しずつお金を受けとるかわりに、今すぐ将来の著作権収入にあたる金額をまとめて手に入れられる。お金と時間の交換だ。このボウイ・ボンドは一瞬にして売れ、ボウイは無事に元マネージャーから自分の著作権を買い戻した。

同じようなやり方ができないかと考えていたのは他のアーティストたちだけではなかった。アメリカの銀行もその頃、似たような商品に行き着いていた。ボウイの著作権収入が長期間にわたって少しずつ入ってくる予定だったのと同様、銀行にも長期間にわたって少しずつ入ってくる住宅ローンの返済金があった。家を買った人が月々銀行に支払うお金だ。

この住宅ローンを、ボウイの著作権収入のように売ってみたらどうだろう。

ある銀行が1万世帯に対して10万ドルずつ貸しだしているとする。銀行はその返済金の合計10億ドルを今後25年のうちに受けとる予定だ。ここで銀行がある書類を書き、この紙を持っている人はローンの返済金を受けとる権利があります、と約束する。銀行がこの紙を誰か（たとえば年金基金）に売りつけると、あっというまに真新しい10億ドルが手に入る。銀行はローンの返済を待たずにお金を取り戻し、また新たな1万世帯に住宅ローンを貸しだせる。

まるで魔法だった。10億ドルを貸したローンを売ると、現金10億ドルが手に入る。お金は増えるし、貸し倒れのリスクは減る。どう考えてもいいことしかない。このやり方は急速に広まり、銀行の業務を根本から変えていった。だが問題は、リスクは消えたのではなく、どこかに隠れていたということだ。そのシステムの奥深くに。

デヴィッド・ボウイは自分の著作権収入を正しく見積もって数千万ドルの価格をつけた。1997年のデータを元にして、このまま売れつづければそうなるだろうという妥当な価格だった。その時点では、音楽ダウンロードやストリーミングが主流になるとは誰も思わなかったし、それによってアーティストの収入が減少するとも予想しなかった。現代の私たちから見てリスキーな商品に思えたとしても、それはボウイの責任ではない。

ボウイ・ボンドを買った人たちはどうなるのか？　いや、それは彼ら自身の責任だ。

かつて銀行は、住宅ローンが返済されなかった場合の損失を自分で引き受けていた。だから当然、貸すときには返済能力を慎重に見積もった。ところが今では、貸し倒れのリスクを気にする必要はなくなった。どうせローンごと売ってしまうのだ。銀行は誰彼かまわずローンを貸しだすようになった。貸せば貸すほどローン債権を多く売れる。ローン債権を売れば売るほど手元にお金が入ってくる。

本来ならば、金融商品の信用状態を評価する格付け機関が、こうしたローン商品に含まれるリスクを警告してくれるはずだった。だが格付け機関も商売である。格付け機関にお金を払う顧客が誰かというと、当の金融商品を発行する銀行だった。顧客に嫌われては商売にならないから、あまり厳しい格付けはできない。そのうえ銀行も格付け機関も、すべての人は合理的な経済人であるという前提でものを考えていた。合理的な市場において、住宅価格が不合理に跳ね上がったり急落することなどありえない。市場はつねに正しいのだから、ローン債権がまちがっている理由はない。格付け機関は、住宅ローン債権を「安全」と見積もった。

この時期、アメリカの金利はきわめて低いレベルに抑えられていた。

米国の中流家庭の生活水準は、１９７０年代からほとんど上がっていなかった。政治家たちはこれをなんとかしたいと考えていた。格差は広がっているにせよ、なんとか中流階級の人々に豊かになったと感じてもらわなければ困る。中流の暮らし向きがよくならなければ、アメリカの夢も希望もないではないか。そこで解決策として提示されたのが、マイホームの購入をうながすことだった。アメリカのすべての家庭にマイホームを。住宅ローンを組みやすくして、どんどん家を買ってもらおう。返済能力のリスクは住宅そのものによって回避できる。住宅価格が上がればそれだけ資産が増えるのだから、返済に困ることはないはずだ。借りる人の収入はほとんど関係ない。そんなものは無視していい。

1997年から2006年までのあいだに、米国の住宅需要は急増し、住宅価格は124%も上昇した。住宅バブルの全盛期には、毎週16万人の人が住宅を買っていた。史上類を見ない規模のバブルだった[4]。

銀行は返済能力のない人にどんどん金を貸した。さらには金を貸しまくって得たお金で、銀行自身が住宅ローン債権を大量に買っていた。格付け機関によればこれらの債権はとても安全なのだから、自分で買わない理由はないわけだ。

やがて住宅バブルが弾けたとき、銀行は大量のローン債権を前に途方にくれた。世界中にばらまかれた住宅ローン債権は、誰も触ろうとしないただの紙切れになっていた。

2008年9月15日、投資銀行リーマン・ブラザーズが破綻した。これを皮切りにアメリカの銀行は次々と危機に追いこまれ、それに引きずられて世界中の経済が深い谷に沈んでいった。

市場の投機と狂気は昔から、経済危機を繰り返し引き起こしてきた。カーメン・M・ラインハートとケネス・S・ロゴフは著書『国家は破綻する』のなかで、なぜ人は懲《こ》りずに「今回は違う」という思い込みに惑わされるのかと問いかける。何世紀ものあいだ私たちは新たな何かに目をくらまされ、そのたびにバブルを引き起こしてきたのだ。何か目新しいものに集団的な幻想が引きつけられるとき、投機が盛り上がる[5]。自分の持っていない何かに大きな価値があると思い込み、強く引き寄せられる。

最近みんなが何かに投資して儲けているらしい、ということがわかると、人はそこに乗り遅れまいと投資に乗りだす[6]。そうして需要が増えると価格が上がり、価格が上がるとさらに多くの人がそこに投資する。そうして買いたい人が増えると、価格はさらに高騰する。さすがに妙だなと感じても、そう簡単に動きは止まらない。人々のお金はまっすぐに、バブルに吸い込まれていく。

やがてこれ以上バブルがふくらみきれないところまでくると、誰かが「売りだ！」と叫ぶ。一気にパニックが広がり、みんないっせいに出口へと殺到する。価格が急騰したのと同じ速さで、いやそれよりも急速に、価格が下落する。するとさらに多くの人が売り逃げようとし、さらに価格が下がる。行きすぎた楽観論は一転、行きすぎた悲観論になる。虹の根もとに埋まっているはずだった宝物は、煙のごとく消え失せる。無から何かを得ようとする夢の、なんと抗いがたく儚《はかな》いことか。

集団幻覚のなかで、あるものに経済価値が生まれ、消えていく。そのサイクルはますます加速し、資本は光の速さで国境を超える。工場のなかに資本があったのは昔の話だ。投資家はものづくりのように新たな商品を生みもしなければ、サービス業のようにすぐれたサービスで顧客を得ようともしない。彼らが狙うのは投機そのものから得られる利益だ。相場の変動が大きいほど、手っ取り早く儲けが得られる。大きなリスク、大きな利益。人を出し抜き、裏をかけ。

オリバー・ストーンの映画『ウォール街』でゴードン・ゲッコーが言うように、投資はいまやゼロサム・ゲームだ。お金は全体として増えることも減ることもなく、ひたすら手から手へと渡っていく。「手品が現実になるんだよ。リアルになればなるほど、人はそれが欲しくてたまらなくなる」(7)とゲッコーは不遜《ふそん》に言い放つ。

『ファウスト』のメフィストフェレスもそれをよく知っていた。メフィストフェレスはファウストの望みを実現してやりながら、その魂を手に入れて地獄に引きずり込むチャンスをうかがっていた。ファウスト自身は、ただ幸せになりたかっただけだ。スイスの経済学者ハンス・クリストフ・ビンスヴァンガーは、ファウストを現代人の象徴と見る。科学と知で自然を征服し、経済の領域を広げていこうとする私たちの姿だ。ファウストは自由と繁栄を求めた。あらゆる快楽を求め、あらゆる知を求め、時よ止まれと乞いたくなるほどに美しい人生を手に入れようとした。それは大きすぎる望みだろうか？

現代の金融市場では、投資判断は人の手からコンピューターのアルゴリズムへと移行しつつある。(8) コンピューターが数理モデルを使って瞬時に複雑な計算をおこない、自動で最適な取引を実行する。映画『ウォール街』に出てきたような、気取ったシャツに赤いサスペンダーをして全力で値段を叫ぶディーラーは、すでに絶滅危惧種だ。大手銀行はウォール街にオフィスを置くことすらやめてしまった。大規模なコンピューターシステムを運用するのに適した場所へと引っ越したのだ。金を出せば出すほど性能のいいコンピューターが買える。計算は速ければ速いほどいい。複数の市場で毎秒揺れ動くその価格の一瞬の差を狙って、彼らは利益を上げている。ただしアルゴリズムは完璧ではなく、何らかのエラーで1億ドルのはずの注文が100億ドルで出されてしまう可能性もある。そこに人間が割って入る隙はない。一瞬のうちに売買は成立し、とんでもない量の株をまちがった値段で買ってしまうことになるだろう。だから監視のプログラムをつねに走らせ、おかしなことが起こらないように検証を重ねなくてはならない。技術的なエラーは投機的な市場をいっぺんに吹き飛ばす破壊力を持ちうる。最悪の場合、数分間で世界の経済が崩れ落ちるかもしれない。

金融市場が暴走すれば、大量の失業者が生みだされるだろう。数百万人が職を失い、国の財政は逼迫《ひっぱく》し、政府は苦肉の策として高齢者介護の予算を削減するかもしれない。しかし介護を必要とするお年寄りの数は変わらない。誰かが食事を食べさせ、寝返りを打たせ、手を握ってあげる必要がある。介護士の数が減らされれば、少ない人数で同じ量の仕事をこなすしかない。負担が増えた介護士は腰を壊し、膝を痛めるだろう。金融というカジノで繰り広げられるコンマ何秒の駆け引きが、めぐりめぐって介護職に従事する女性の膝を押しつぶすのだ。アダム・スミスや金融の大物たちの頭のなかには存在しない、その膝を。

＊

2008年に金融危機が現実となったとき、米連邦準備制度理事会（FRB）元議長のアラン・グリーンスパンが連邦議会に召喚され、答弁をおこなった。(9) 民主党のヘンリー・ワクスマン議員が率直にこう尋ねた。

「あなたの世界観やイデオロギー、それがまちがっていたと。うまくいかなかったということですね？」

グリーンスパンはそれに答えて言った。

「まさにそのためにショックを受けているわけです。これは格別にうまくいっていると、そういう数字を40年ほどのあいだたっぷり見てきたのですから」

独自のロジックをそなえた別世界で繰り広げられる、経済学のゲーム。あらゆる人間は経済人であり、経済をつかさどる無謬《むびゅう》の意識が具現化したものである。すべては合理的に決定される。

経済の豊かさはどこか別の宇宙でつくられたのだろう。あなたの住宅ローンや会社の業績不振とは関係のないところで、それは起こったのだろう。どこか遠くで、価値あるものは増えているようだ。謎めいたプロセスのなかで黄金が生まれ、消えていく。どうせ経済も市場も、私たちとは関係ないものなのだ。私たちが働き、生産し、工夫して生みだし、あるいは日々必要とするものなど、経済学のあずかり知るところではないのだ。

技術の変化はいつでも、市場を大きく転換させてきた。お金はどんどん抽象的になり——貝殻を経て金属を経て形のない債権を寄せ集めたものになり——多くの人が一攫千金を狙いはじめた。豊かになれる可能性は大きくふくらみ、リスクも大きくふくらんだ。

もっとも危険なのは、何のためのお金なのかを忘れてしまうことだ。

全世界の富を一瞬で売買できる高性能なシステムが開発されようと、どんなにエレガントな数式が私たちを誘惑しようと、経済の根本にあるものは変わらない。

それは人の身体だ。仕事をする身体、ケアを必要とする身体、別の身体を生みだす身体。生みだされ、老いて、死んでいく身体。性のある身体。人生のさまざまな局面で、誰かの助けを必要とする身体。

私たちの身体と、身体を支える社会だ。

第8章 経済人とはいったい誰だったのか

/ Chapter Eight /

1950年代以降、心理学者や経済学者は、経済理論の前提となっている人間像を検証しようと実験を続けてきた。思考と意思決定のプロセスをテストし、MRIの画像を使って脳の動きを研究した。彼らはこう問いつづけていた――この経済人というのは、いったい誰なんだ？

経済人に対する最初の正面攻撃は、1979年にやってきた。イスラエル出身の研究者ダニエル・カーネマンとエイモス・トベルスキーが、経済学者の仮定をくつがえし、人の意思決定は客観的でもなければ合理的でもないということを示してみせたのだ。(1) カーネマンはその功績によって2002年にノーベル経済学賞を受賞した。(2) ついに経済人の時代に終わりがくるかと思われた瞬間だった。

カーネマンとトベルスキーが示したのは次のようなことだ。人は利益の最大化よりも、リスクの回避を好む傾向がある。同じひとつの問題でも、それがどのように提示されるかによって私たちの選択は大きく変化する。つまり、文脈が重要なのだ。私たちが何を大事に感じ何を選ぶかは、そのときの状況に左右される。あるものを所有しているとき、その価値は所有していないときよりも高く感じられるし、100ドルを失うときの価値は、100ドルを得るときの価値よりも大きく感じられる。そして私たちは、ものごとが現状のまま変わらないことを好む。たとえ現状がそれほど利益をもたらさなくても、現状維持を良しとする傾向がある。

さらに、人は自分の利益よりも他人の幸福を優先することが多々ある。合理的に考えれば損失になるような状況でも、人は利他的に行動しうる。この先訪れる機会がないであろうレストランでも、チップを置いてくるのが現実の人間だ。経済人なら、そんなときにチップを払わない。チップを払わずにウェイトレスの機嫌を損ねたところで、もう来ないのだから自分のスープに蝿《はえ》を入れられる心配はない。経済人は涼しい顔で立ち上がり、そのまま店を後にするだろう。

現実の人間はさまざまな状況で協力しあうが、経済人は自分の利益になるときしか協力しない。人からどう見られようと、経済人には関係ない。自分が勝てば、それでいい。でも現実の私たちにとって、人との関係は大切だ。

相手の存在は交渉のやり方にも影響する。(3) 相手と顔を合わせて話すとき、私たちは相手を気づかい、慎重に話をする。だが経済人にとっては、そんなことはどうでもいい。どんな状況で話をしようと、やっていることは同じだ。計算高い個人どうしの取引にすぎない。どんな経緯があろうと関係ない。取るか取られるかだ。結局のところ、これは競争なのだから。

現実の人間は、そんなに合理的で利己的な生き物ではない。女性も男性も、子どもも大人も、もっと複雑な心を持っている。私たちには思いやりがあるし、ときには困惑する。ときには自分を犠牲にし、ときには他者のために悲しむ。筋の通らない行動をすることもある。そして私たちは誰も、青い海にぽつんと浮かんだ島ではない。

経済も孤立して存在しているわけではなく、私たちの語りのなかで流れが生まれ、変化していく。株価が上がったとか、企業の利益が大幅に伸びたという噂を耳にすると、なんだか景気がいいような気がしてくる。そういう気分は、実際にある程度、景気を上向きにする。みんながお金を使いはじめるからだ。逆に株価が急落したり企業が倒産したというニュースを見聞きすると、私たちはお金をなるべく節約しようとする。すると景気の後退はさらに加速する。人の気分の浮き沈みが、市場の浮き沈みにつながっているのだ。

自分の知り合いがどんどん高価なマンションを買っているとき、住宅バブルの可能性を伝えるニュースはあまり深刻に見えない。乗り遅れたくない気持ちのほうが強くなる。集団心理が働くからだ。社会全体に楽観的な気分が広がると、市場は一挙に活気づく。こうした集団心理を止めることは難しい。もしも経済理論がそういう気分を計算に入れていたなら、多くの問題が食い止められていたかもしれない。

そして私たちは、自分をもっとよく知ることができていたかもしれない。

＊

理性ではなく、感情が経済的な行為を動かすことは多い。そして感情は個人的なものではなく、周囲に影響されるものだ。(4) ２００８年の経済危機を見て、あれが正しい情報にもとづく考え抜かれた意思決定だったと思う人はいないだろう。そこに冷徹で合理的な経済人の姿はない。

ジョン・メイナード・ケインズは１９３０年代の時点ですでに、感情や衝動や思い込みが経済を動かしもすれば潰しもすると論じていた。２００８年の金融危機を受けて、そうしたケインズの考えにふたたび光が当てられた。経済学者ジョージ・アカロフとロバート・シラーは、私たちがケインズの指摘をすっかり忘れていたのではないかと問いかける。合理的な個人という考えに固執するあまり、集団の行動や人の感情的要素をすっかり見逃していたのではないか。

でも経済人が私たちと似ていないなら、彼はいったい誰なのだろう?

人はふつう、他人に公正さや助け合いを期待する。相手が不当なやり方をしてきたら気分が悪い。不公平な取引をするくらいなら話を断ってやろうと思う。たとえそれで損をするとしてもだ。

子どもたちを対象にして、彼らが経済人のように行動するかどうかを調べた心理学の実験がある。(5) 保育園児と、小学校2年生と6年生の子どもを対象に実験をおこなった結果、7歳より上の子どもは大人と同じく、取引の公平さにこだわった。一方、もっと小さな子どもは、不公平でも特に気にしなかった。経済人と同じく、公平さよりも利益を優先した。

たとえば5歳の子どもに対して、ある金額のお金を二人で分けようと持ちかけたとする。そのとき子どもは、金額の分け方が公平かどうかは気にしない。相手の取り分のほうが多くても、もらえるものはもらっておこうとする。取引を断って何も得られないよりは、少なくても手に入れたほうがいいからだ。実に合理的だ。まるで経済人だ。でも世界の経済を動かしているのは、5歳児ではない。

いや、ひょっとしてそうなのか？

この実験をした研究者たちは、7歳頃から人は公正の概念を考慮に入れはじめるのだと結論づける。ならば経済人は、人が大人になる前の過渡的な状態なのではないか。もちろんこれはただの実験で、現実はそんなに単純ではない。というか、おそらく5歳児だって、現実の世界ではもっと複雑な判断をしているはずだ。

欲と不安、利益と理性だけでできている社会はない。そんな社会が機能するわけがない。経済学者で哲学者でもあるアマルティア・センは、それを次のようなたとえ話で表現する。(6)

「駅はどこですか？」とある人が尋ねる。

「あっちだよ」地元の人は言い、駅とは反対方向の郵便局を指差す。「ついでにこの手紙、途中で投函しておいてもらえないかな？」

「お安いご用です」道を尋ねた人は手紙を受けとると、勝手に開封して何か貴重品が入っていないかこっそり探っている。

そんなふうでは、何もうまくいかない。

経済人の行動を説明する数式はけっして簡単ではないが、現実の人の行動はさらに複雑だ。心理学の研究は、人がしょっちゅう不合理な選択をすることを明らかにしている。そもそも何がもっとも合理的な選択なのかが見えないことも多い。実験室のなかの、ごくシンプルな状況においてさえそうなのだ。現実の意思決定は、それよりもはるかに複雑な状況でおこなわれる。いったい誰があらゆる情報を正しく把握できるというのか。どうやって大量の選択肢を秤《はかり》に載せ、利益を最大化する行動を正確に選べるというのか。

経済人になることなど、はじめから不可能ではないのか?

新自由主義の旗手といわれる経済学者ミルトン・フリードマンは、そうした批判に反論しようとビリヤードのたとえを持ちだす。[7] 一流のビリヤード・プレイヤーは、物理の法則を熟知している必要はない。あたかも知っているかのように、完璧なショットを打つ。それで十分だ。

ビリヤード・プレイヤーがあたかも物理学を知っているかのように行動するなら、彼の行動は数理モデルで予測できる。単に彼が物理学を知っていると仮定すればいい。その前提はまちがっているかもしれないが、モデルの精度には影響がないはずだ。なぜなら彼は知っているのと同じ行動をとるからだ。

経済においても、人が経済人のようであるかどうかはともかく、経済人のように行動するかどうかが重要だ、とフリードマンは言う。そしてフリードマンによれば、私たちはあたかも経済人のように行動する。だから経済人のモデルで人の行動を予測できるし、経済の動きも予測できるのだ。人間を正しく理解しているかどうかは、経済学には関係ない。市場で人がどう動くかを予測できれば、それでいい。

それでは経済学者は、市場を正しく予測してきたのだろうか？ 正直なところ、かなり疑問が残る。２００８年の金融危機が起こったとき、英国女王エリザベス2世が経済学の名門大学ロンドン・スクール・オブ・エコノミクスを訪れた。その場に集った専門家たちが危機の事情を説明すると、エリザベス2世はあきれ顔で言った。

「なぜ誰もこれを予想できなかったんです？」

もっともな疑問である。

神は占い師の地位を高めるために経済学を創り給うた、と皮肉ったのは、ハーバード大学教授でケネディ政権の外交官を務めたジョン・ケネス・ガルブレイスだ。[8] 彼自身、世界でもっとも有名な経済学者の一人だった。

ノーベル賞経済学者のロバート・ルーカスはエリザベス2世の疑問に答えて、エコノミスト誌に弁明を掲載した。[9] ２００８年の金融危機を予測できなかったのは経済学者の落度ではない、なぜなら経済学者はこの種の事態が予測不可能であることをちゃんと予測していたのである、と。

女王がその答えに満足したかどうかはわからない。

＊

市場は世界の経済に対して圧倒的な影響力を手に入れ、私たちは経済学者の言うことを素直に聞いてきた。それなのに経済はここ数十年のあいだ、危機の連続だった。1987年に株価が大暴落したブラックマンデー。1990年代日本のバブル崩壊と相次ぐ銀行破綻。1994年のメキシコ通貨危機。1998年の、巨大ヘッジファンドLTCM（ロングターム・キャピタル・マネジメント）破綻を受けての金融危機（LTCMの経営陣に加わっていたマイロン・ショールズとロバート・マートンはその前年、LTCMが活用していた金融工学の理論でノーベル経済学賞を受賞したところだった）。同時期のロシア金融危機に、アジア通貨危機。21世紀初頭のITバブル崩壊。そして2008年に起こった世界金融危機は、1930年代の世界恐慌以来最悪の事態となった。一握りの経済学者を除いて、誰もが驚き、言葉を失った。

ソビエト連邦が崩壊したとき、国際通貨基金と米国財務省は、驚くべき速さでロシア企業の民営化を推し進めた。[10] 一部の経済学者は計画経済から市場経済への移行を数年単位ではなく、数十日という単位で実行しようとしていた。共産主義の衣さえ剝《は》ぎ取ってしまえば、中から合理的で経済的な個人が顔を出し、せっせと資本主義社会をつくりだすだろうというわけだ。そこではロシアの制度も歴史も、富の偏りも社会規範も考慮されていなかった。そんな細かいことはどうでもいい、経済の原則は普遍的なのだ。資本主義はどんな国でも機能する。歴史も状況も関係なく、人が生きるところならどこでもうまくいくはずだ。経済に国境はない。どこに住んでいようと、人はみんな経済人だ。

そうやって無理な政策を推し進めた結果、ロシアでは一握りの新興財閥《オリガルヒ》が速やかに権力を掌握した。年金が払えないほどに国の財政が逼迫する一方、国内の資源がどんどん外国に売り飛ばされた。売上金は租税回避ができるスイスやキプロスの口座に流れた。市場経済というよりも、組織犯罪を見ているようだった。国の生活水準は以前よりも下がり、そこに取り残された百万人を超える人々は、いったい民主化の意味はあったのかと途方にくれた。「こんなのはゴメンだ」と彼らは言い、国の安定とプライドの回復を唱えるウラジーミル・プーチンを大統領に選んだ。

1990年代を通じて、ロシアの一人当たり所得は減少しつづけた。ウクライナも同様の運命をたどった。それにくらべると、国際通貨基金のアドバイスに耳を貸さなかったポーランドはかなり調子がよかった。

資本主義経済を共産主義者に押しつけるのは「観賞魚をスープにするようなものだ(11)」と、ポーランドの労働組合指導者で後に大統領になるレフ・ヴァウェンサは言った。問題は魚のスープをつくれても、スープから生きた魚には戻せないことだ。

市場はすべてが調和した精巧な機械とは似ても似つかないし、合理的選択によって必然的に導かれるものでもない。市場が何であれ、そこにあるのは変化へのたえまない圧力だ。市場は何の感慨もなく古い企業や技術を一掃し、役に立たないものはすぐに捨てる。人だって簡単に切られる。配慮を求めても仕方ない。無情だからこそ、市場はここまで拡大できたのだ。ただしその勢いは、そこから取りこぼされるものたちを全力で置き去りにする。市場はある部分ではとても効果的だが、別の部分ではひどく不器用だ。それはけっしてシンプルで機械的なしくみではない。

経済人のイメージを信じる経済学者たちも、その想定が完璧だと思っているわけではない。不完全ではあるにせよ、実用には十分だと考えているだけだ。経済学が世界に貢献してきたことは事実なのだし、役に立つなら経済人のモデルを使わない手はないではないか。単純化はひとつの方便だ。ものごとを単純化するのは科学の常套《じょうとう》手段だ。「地球は丸い」と言うとき、私たちは地球が楕円形であることを切り捨てている。地球が本当は山や谷や溶けつつある氷でゴツゴツしていることを、ひとまず無視して考えている。たしかにそうだ。

ただし、そんな見方がいつでも通用するわけではない。地球は丸い、という想定で終わってしまうなら、地図を見ながら船を走らせるのは不可能だ。ミサイルを飛ばすこともできない。実用に堪《た》える地図をつくるためには、丸くない部分をきちんと計測し、不規則な要素を考慮に入れる必要がある。経済人のモデルはそうした不規則性を見逃している。単純すぎる想定のまま世界経済を導こうとしている。経済人のモデルを途上国に押しつけて「さあこれでうまくやれ！」と言っても、うまくいくわけがない。それが単純すぎる想定であること、あるいはまったくの幻想でしかないことは、もう何十年も前から指摘されてきたではないか。

経済人は今も、経済のロジックの中心にいる。大学の教養課程では人が経済人のように行動すると教えられ、一般向けの経済本は人のあらゆる行動を経済人に当てはめて説明する。経済人が現実離れした存在だとわかっても、その影響力は衰えるどころか、私たちを魅了しつづけている。そして経済人は甘くささやく。

きみと僕はそっくりなんだよ、気づいていないかもしれないけれど。きみが何をしようと、僕はきみを理解できるよ。

男が教会の塔にのぼりニワトリの鳴き真似をする。頭がおかしいんだな、とあなたは思う。(12) でも本当にそうなのか。世の中にはスカイダイビングをする人もいれば、危険なヒマラヤ登山に挑む人もいる。それとどこが違うのか。レタスで彼女を殴り殺そうとすれば、頭がおかしいと言われる。まともな人ならナイフを使うじゃないか。だから心神喪失で責任能力がなかったと主張しよう。でも経済人はその訴えを退ける。どんな状況にあっても、人はつねに合理的なのだから。

アルコール依存症の人の頭に銃を突きつけ、酒を飲むなと命じれば、彼はグラスを置くだろう。であれば、酒を飲むかどうかはつねに自由な選択であったわけだ。その気になればやめられるのに、やめていなかっただけだ。やめる理由がなかっただけだ、銃を突きつけられるまでは。病気だなんて誰が決めた？　判断力がないと誰が言った？　ちゃんと銃から身を守ることを知っているじゃないか。

アパートの部屋で白鳥を11羽飼っていた男がいた。夜のうちに公園でこっそり捕まえて、1羽また1羽と毛布に包《くる》んで連れ帰ったのだ。ある白鳥は羽を怪我していたので、輪ゴムとマスキングテープで手当てしてやった。警察がやってきて白鳥を保護したとき、男は心から悲しんだ。この男はどこかおかしかったのだろうか。それとも経済人が言うように、白鳥への選好があっただけだろうか。

ある人は1日に200回手を洗い、ある人は車を運転するとき何がなんでも左折を避ける。スポーツを10時間連続で見つづける人もいれば、バスルームの床を15時間磨きつづける人もいる。あなたの頭は応援するチームの勝ち負けでいっぱいになり、あるいは床のばい菌でいっぱいになる。人生に苦しんで自殺する人もいる。それは経済の合理的なロジックにおさまらないできごとだ。鍵のかかった箱に入れられ、誰からも見えないところに隠されるできごとだ。

精神疾患がある人の多くは、自分だけが正気なのだと考えている。私の強迫行為は狂った世界に対する正常な反応だ。病棟の明かりが消え、あなたは恐怖に叫びだす。喉の奥から絞りだされるその音は、しかし単にひとつの要求である。世界は決められたコースに沿って進んでいく。悪魔の回転木馬は回りつづける。費用対効果を考えろ、無駄なことをするな。一列に並び脇目も振らずに行進する軍隊のなかで、あなたはひとりぼっちだ。ひとつのロジック、ひとつの世界、誰にも顧みられずにひとりで死んでいく人。

これが私たちのすばらしい世界だ。

第9章 / Chapter Nine /
金の卵を産むガチョウを殺すのは誰か

　昔むかし、あるところに男と女が暮らしていました。二人はガチョウを飼っていましたが、これがただのガチョウではありませんでした。毎朝ひとつ、純金の卵を産むのです。はじめのうち、二人はこの卵が何なのかわかりませんでした。鉛のように重いし、大きすぎます。でもある日、二人はこれがとても価値のあるものだと知りました。ひとつまたひとつと金の卵を売り、二人は大金持ちになりました。

「思ったんだけど」と男は女に言いました。「このガチョウの体には金の卵が詰まっているわけだよね。それをいっぺんに取りだせないかな」

「たしかに」と女は言いました。「そうすれば毎朝産むのを待たなくてすむね」

　二人は庭に出て、ガチョウを殺しました。わくわくしながら死んだガチョウを切り開いてみると、ガチョウのなかには金の卵などひとつもありませんでした。ただ血や筋や内臓があるだけです。ガチョウの中身は、ただの普通の鳥でした。ガチョウが死んでしまった今、もう金の卵は二度と手に入らないのでした。

＊

経済用語ほど深刻に受け止められる言葉はほかにない。〈成長見通しの改善により財政の健全化が見込まれる〉〈金融市場の正常化〉〈市場の判断を仰ぐ〉〈競争条件の平等化を図る〉〈算定基準の引き下げ〉〈需要喚起に向けた大型の対策〉〈生産性の伸び率上昇が課題〉〈為替相場の望ましくない動き〉〈市場の競争原理を導入〉などなど。

しかつめらしい言葉たちは、私たちに理性の快楽を与えてくれる。論理的に考えて、これしかないのです。その後のことは知りませんけれども。

市場はもともと、人の住むエリアの周辺や、村と村との中間地点に生まれた(1)。それは人の暮らしの外側にあるべきものだった。市場での売買は、普段の共同体の活動からは切り離されていた。市場はあくまでも周縁にとどまり、人は市場と生活圏との境界を堅固で神聖なものにするために儀式をおこなった。市場のある場所には石のしるしが置かれ、そこでの論理は慎重に、境界の内側に封じ込められた。

それから数千年が経ち、市場の論理は堤防を越えてあふれだした。上へ外へ中へと氾濫した。「経済的」という言葉は「理性的」と同義になり、売買と競争の論理はいまや社会のすべてになった。政治も法律も愛もあらゆることが市場に呑み込まれ、私たちの行動ひとつひとつに利益と競争とコストパフォーマンスがついてくる。オスカー・ワイルドは皮肉屋のことを「あらゆるものの値段を知っているが、その価値を知らない」人だと言ったが、結局のところ価値を決めるのは需要と供給である。

市場は大都市の真ん中に進出しただけでなく、大都市の風景そのものを形づくっていった。ニューヨーク、上海、東京、ロンドン、クアラルンプール。世界中の大都市に、判で押したような金融機関の超高層ビルが立ち並ぶ。これほど大きな建物を建てられるようになったのは市場経済のひとつの達成といえるだろう。ただし高層ビルの屋上にはセーフティネットを忘れずに張らなくてはならない。そうしないとみんな次々に身を投げて、数百メートル下のアスファルトに叩きつけられてしまうから。

経済人がすっかり世界を掌握したあとも、人の儀式が不要になったわけではない。それどころか市場は今までになく私たちの関心を求める。私たちは市場を畏《おそ》れ、その機嫌をつねにうかがっている。市場は明るくなったり落ち込んだり、盛り上がったり困惑したり、実にさまざまな感情を見せてくれる生き物だ。その内面生活は実に彩り豊かであるため、世界的に有名な新聞が毎日その様子を事細かに報告してくれる。

市場はものを考える。

〈市場は物価上昇への期待を高めている〉〈市場は優柔不断であった〉〈政府は市場の要求に応じた〉〈市場は迅速に反応した〉〈市場が結論を出した〉

市場は気難しいときもある。

〈市場は政府の策に納得しなかった〉〈市場は疑心暗鬼になっている〉〈市場は中央銀行の対応に不満げだ〉

市場は攻撃的になることもある。

〈政府は市場との全面対決に突入した〉〈政府の決断は市場の怒りを買った〉〈このところ市場がきな臭い〉

そして市場は苦悩する。

〈市場の緊張状態が続いている〉〈突然の下落に市場は混乱した〉〈反発の期待が裏切られ市場はショックを受けた〉〈大臣の発言に市場は困惑気味だ〉〈市場の不安が高まってい

ればならない〉

る〉〈市場が落ち込んでいる〉〈市場は絶望に覆われた〉〈神経質な市場を落ち着かせなければならない〉

市場の精神状態が極端に悪くなると、市場に供物《くもつ》を捧げる必要が出てくる。大量のお金を注ぎ込むのだ。景気を刺激するために、政府も人々もどんどんお金を使わなくてはならない。高くつくやり方だが、ここでお金を出し渋れば考えるのも恐ろしいことになるだろう。消費とはすなわち、生贄《いけにえ》なのだ。穢《けが》れのない、しかし穢れた血。美しく、おぞましく、神聖な捧げもの。

「景気の刺激だなんだという話を聞いていると、経済とは巨大なクリトリスではないかと思えてくる(2)」

米国のジャーナリスト、バーバラ・エーレンライクはそう述べた。もちろん女性の体は経済よりもずっと複雑だが、それでも一理ある意見だ。

とても感じやすいので、触るときは慎重に。

経済学は数学を駆使したきわめて理性的な学問に見えるが、やっているのは結局、いかに市場の気分をよくするかということである。フィナンシャル・タイムズやウォール・ストリート・ジャーナルの紙面があらゆる感情の描写に彩られているのはそのためだ。

市場の感情を雄弁に語る一方で、私たちは人間に感情があることを忘れつつある。人はあたかも市場で売買される商品か、あるいは企業のように語られる。〈自分を高く売ろう〉〈個人もブランディングが大事〉〈子どもは未来への投資〉〈自分のセールスポイントを見つけよう〉〈市場価値の高い人になりなさい〉〈精神的コストが大きすぎる〉〈彼女はもう賞味期限切れだね〉

人の気持ちをあらわす言葉が市場を描写し、市場の言葉が人の描写に使われる。経済は私たちになり、私たちは経済になる。

*

『夫婦仲の経済学』という本のなかで、著者ポーラ・シューマンとジェニー・アンダーソンは、経済理論こそが円満な結婚生活の鍵だと説いた。

シューマンとアンダーソンによれば、結婚とは投機的なビジネスである。問題は、いかに結婚から最大のリターンを得るかだ。そこでは市場の論理がベッドの中まで入り込む。あらゆる恋愛関係はひとつの小さな経済であり、合理的な個人と個人の取引だ。結婚の目標は、限られたリソースをうまく配分して利益を出すこと。そこで役立つのが経済理論だ。

家事の担当も子どもの世話も、セックスレスの問題も、すべては市場の考え方で解決できる。

著者らはハワードという男性を例に挙げる。ハワードは仕事から帰ってくると、いつも怒ってばかりいる。部屋におもちゃが散らかっているのを目にして、完全にキレてしまうのだ。そうなると手のつけようがない。ハワードは大声で怒鳴りちらし、家族は息をひそめて嵐がすぎるのを待つしかない。妻のジェンは、なんとかならないものかと途方にくれている。

そこで登場するのが、経済理論という秘密兵器である。

経済理論によれば、人は利己的で、インセンティブに反応する生き物だ。インセンティブとは要するに、ごほうびである。犬をしつけるとき、おすわりをしていたらごほうびにおやつを食べさせる。おすわりという望ましい行動を、おやつというインセンティブで強化するわけだ。経済人も犬と同じく、インセンティブによく反応する。今の状況から得られるメリットを瞬時に計算して行動する。

そう考えるなら、人の行動はある状況から何が得られて何が得られないかによって決まることになる。ハワードが怒るのは望ましくない行動だから、怒らないほうが得になるインセンティブを与えればいい。

ジェンはさっそくインセンティブを設計し、ハワードが3日連続で怒らないでいられたら、ごほうびにセックスをするという取り決めをつくった。すると見事にこれが効き、ハワードは怒りを我慢できる夫になった。めでたしめでたし、経済のトレードオフは万能ですね、と著者らは言う。

『夫婦仲の経済学』が見逃しているのは、インセンティブの導入によって夫婦生活の根本的なところが変化したという事実だ。ジェンはセックスをインセンティブに変え、自由な性生活を犠牲にした。

そこには楽しむ心もなければ、人と人との距離感も、惹かれ合う心もない。あるのは報酬システムだけだ。ハワードはもはや自立した人間ではなく、セックスを与えておかなければ泣きやまない幼児である。そしてジェンの身体は彼女自身であることをやめて、男を喜ばせる道具に成り下がった。

昔ながらの、よくある話だ。経済用語で飾り立てても、その中身は変わらない。

経済的インセンティブは、そう簡単にコントロールできないことも多い。

今から100年と少し前、ベトナムのハノイで腺《せん》ペストの流行が起こった。腺ペストはネズミを介して感染するため、行政は人を雇ってネズミ駆除作戦を開始した。都市部の下水を中心にネズミを殺し、感染源を断つという計画だ。ところが殺しても殺しても、ネズミは増えていく。1日に数千匹を駆除しても、ネズミの数はいっこうに減る様子がない。

そこでハノイを統治していたフランスは、広く住民の協力を呼びかけた。ネズミの尻尾を持ってくれれば、誰でもその数に応じて報酬を出すことにしたのだ。はじめのうち、この作戦はとてもうまくいっているように見えた。毎日数千本の尻尾が運び込まれてくる。しかしすぐに、困ったことが判明した。尻尾のないネズミが街じゅうを走りまわっているではないか。それどころか、尻尾を切るためにネズミを繁殖させる住民まで現れる始末だった。

インセンティブはたしかに即効性がある。わかりやすく結果が跳ね返ってくる。だがその結果は往々にして、予想を大きく裏切るものになる。

ハノイのネズミ駆除作戦は、失敗に終わった。

イスラエルの保育園では、保護者が迎えの時間に遅刻することが多くて困っていた。迎えが遅れれば、保育士が残業するはめになる。この問題について二人の経済学者が調査をおこなった[3]。

保育園では遅刻問題に対処するため、遅れてきた保護者から罰金を取ることにした。そうすれば損しないために早く迎えにくるはずだ。ところが罰金制度を導入した保育園では、遅れてくる人が減るどころか、むしろ増えてしまった。なぜか？

どうやら遅刻に対して罰金を科した保育園では、遅れてはいけないというプレッシャーが減ったらしい。もともと保護者たちは、時間どおりに来なければ保育士さんを困らせてしまうと考えていた。だからできるだけ早く来ようとがんばっていた。それが罰金を導入したとたん、お金を払えば延長できるのだという安心感に変わってしまった。対価を払っているのだから、誰にも迷惑はかけていないというわけだ。

罰金制度は遅刻を延長保育に変えた。保護者の罪悪感はいっぺんに薄れ、保護者と保育士の関係はよりビジネスライクなものに変化した。お金の問題ではなかったところにお金を持ち込んだからだ。

トラックの荷台からソファをおろすのを通りすがりの人に手伝ってほしいとき、「お金を払います」と言うと断られる可能性が高くなる。善意で手助けをしたいという気持ちが、お金の介在によって邪魔されてしまうからだ。お金をもらって何かをするなら、それは仕事と同じである。人助けの意味合いが薄れて、働きたくないという気持ちに取ってかわられる。

一般的な経済学では、インセンティブが多いほど人のやる気は上がることになっている。報酬は1ドルよりも2ドルのほうがいいし、手伝う理由はひとつよりも2つのほうがいい。経済人ならそう言うはずだ。保育士を困らせたくないという動機と、お金を節約したいという動機が重なれば、迎えに遅刻する人は減って当然のはずだ。でも私たちの行動は、経済人ほど単純ではない。インセンティブが働かないからではなく、働くからこそ、その効果はときに予測のつかないものになる。

生徒の標準テストの点数に応じて教師の報酬を決めると、教師は学びの内容を無視して標準テスト対策ばかりを教えるようになる。会社の株価に応じて役員にボーナスを出すと、役員は株価を上げる方策に気を取られて、会社の長期的な目標をないがしろにしてしまう。

インセンティブは、わかりやすくて計測可能な数値として設定される。生徒の学びを測るなら標準テストがわかりやすいし、会社の業績を知るのに株価は便利な指標だ。しかし単純な数値目標は、その数値さえ達成すればあとはどうでもいいという方向に働きやすい。標準テストのテクニックを教えても生徒の知識は必ずしも深まらないし、短期的な株価だけを見る経営判断は必ずしも会社のためにならない。数字はしばしば一人歩きをして、本末転倒な結果を引き起こす。

経済的インセンティブは強力なツールだが、それが行動の意味を変えてしまうことには注意する必要がある。結果が重要でプロセスが無視できる場合はいい。たとえばインドの農村部でワクチンの無償提供をおこなっていた慈善団体は、住民にワクチンの大切さを理解してもらえなくて困っていた。[4] せっかく子どもたち全員分のワクチンがあるのに、10人に8人は未接種のままだ。どうすればワクチンを受けてもらえるのか。そこで彼らは、ワクチンを受けた人にレンズ豆のスープを無料でふるまうことにした。それまでワクチンに興味がなかった親たちも、食事に惹かれて子どもを連れてきた。ワクチン接種率は大幅に上がった。このようなケースではインセンティブがとてもよく機能する。

ただし私たちの生きている世界は、すべてがわかりやすいロジックで動いているわけではない。

人はスイッチを入れれば動く機械ではないし、ニンジンをぶら下げても毎回同じように走りだすとはかぎらない。インセンティブのやり方をまちがえれば、イスラエルの保育園と同様、それまで微妙なバランスで保たれていたものを台無しにする危険がある。

スイスでは政策に関する国民投票《レファレンダム》が盛んだが、放射性廃棄物をめぐる国民投票を控えた時期に、心理学者たちがおもしろい調査をおこなっている。[5]

心理学者は住民の家を一軒ずつ訪ねてアンケートを実施した。「もしもあなたの近所に放射性廃棄物処理施設ができるとしたら、受け入れられますか？」

それに対して、およそ半数の回答者は「はい」と答えた。

もちろん放射性廃棄物は危険だし、そんな施設があれば持ち家の価値が下がってしまう。けっしてうれしいことではない。それでも、処理施設はどこかにつくらなくてはならない。もしも政治家がこの地域を選ぶのなら、それは国民の責任として引き受けようというのだ。

ところが、質問の内容を変えて、「もしもいくらかの報酬（平均的な賃金の6週間分）を得られるとしたら、放射性廃棄物処理施設を受け入れますか？」と尋ねたところ、「はい」と答えた人の割合は25％に減少した。お金が絡まなければ責任感から引き受けるのに、お金が絡んだとたんに状況が変わってしまう。

経済的インセンティブは本当の動機を殺すのだ。

金の卵を産むガチョウを、私たちはしょっちゅう見誤る。

何か別のものだと思って、うっかり殺してしまう。

経済的要因が人を動かすと信じて経済的インセンティブを設定すれば、その経済的要因が他の動機をすべて押しつぶすことになりかねない。経済人がやってきて、良心も感情も文化的要因もぜんぶ壊してしまう。そして失ってしまってから、それが経済の営みを支える大事なものだったと気づくのだ。

市場原理は肝心なことを説明できない不器用な道具であるだけでなく、大事なものを殺す斧《おの》なのかもしれない。

第10章 / Chapter Ten /
ナイチンゲールはなぜお金の問題を語ったか

フェミニスト経済学者のナンシー・フォルブルが好んで語る逸話がある。

昔むかし、世界をつかさどる女神たちが、国対抗でオリンピックのような競技を開催することにしました。ただし100メートルを速く走った人が勝つという単純な競技ではありません。社会を構成する全員が、みんなでどれだけ進んだかを競うのです。ゴールの場所はありませんし、いつ競技が終わるのかも参加者には知らされません。

開始の合図が鳴らされると、最初の国が勢いよく駆けだしました。この国の戦略は、みんなとにかく全力で走れ、というものでした。比較的短いレースを想定していたようです。先頭集団はすごい速さで他の国を引き離しましたが、すぐに子どもやお年寄りが進めなくなりました。誰も走れない人を助けようとはしません。速く走るのに夢中で、遅れた人のことを考える暇などなかったのです。しかしレースは長く続き、勢いよく走っていた人たちもさすがに疲れてきました。ある人は疲労で力つき、ある人は足を怪我し、次々にランナーが倒れていきました。代わりに走れる人は誰も残っていませんでした。

2番めの国は、ちょっと違う戦略をとりました。若い男性が全力で走れるよう、女性は後方でサポート役に回ることにしたのです。子どもやお年寄りの世話は女性が担当し、男性が疲れれば女性が駆けつけて手当てをしました。はじめのうち、このやり方はとてもうまくいっているように見えました。でもすぐに、問題が起こりました。女性たちが不公平だと感じはじめたのです。女性たちの働きは男性と同じくらい重要なのに、男性ばかりが偉そうにしていました。「子どもの世話がなければ私たちだって同じくらい速く走れる」と女性たちは言いましたが、男性は聞く耳を持ちません。しだいに社会の軋《きし》みが大きくなり、対立にばかりエネルギーが割かれて、前に進めなくなりました。

女神たちは3番めの国に目を向けました。はじめは出遅れているように見えたのですが、今ではこの国がもっとも順調に前に進んでいるようでした。この国では、参加者みんなが走る役と世話する役を平等に引き受けていました。女性も男性も同じように走りながら、交代で走れない人たちのケアをしました。走るのも世話するのも同じくらい価値がある仕事とされ、対立ではなく連帯感が生まれました。みんなで助け合いながら前に進み、みごと勝利を手に入れました。

＊

どんな社会にも、他者をケアするしくみは必要だ。なんらかの形でケアをしなければ、経済も何もうまくいかない。「どうやって夕食を手に入れるのか?」という問いにアダム・スミスは利益の追求と答えたが、ほんとうは彼の母親が毎日せっせと食事の支度をし、スミスが熱を出せば献身的に看病をしたのだ。

ケアがなければ子どもは育たないし、病人は回復しない。ケアがなければアダム・スミスは仕事ができないし、高齢者は生きられない。他者からケアされることを通じて、私たちは助け合いや共感を学び、人を尊重し思いやる気持ちを育んでいく。こうした能力は生きるのに欠かせないスキルだ。

経済学は愛を節約しようとした。愛は社会から隔離され、思いやりや共感やケアは分析の対象から外された。そんなものは社会の富とは関係ないからだ。

お金の世界と思いやりの世界は切り離され、両者が交わることは許されなかった。[1]

そしてお金の世界は、思いやりや共感やケアの概念を失った。経済の話をするときに思いやりを考慮する人はいなくなった。おそらくそのせいで、現代の女性は男性よりもずっと低い経済的立場に立たされている。

「お金は抽象的な幸福である」と哲学者ショーペンハウアーは言った。「だから人は、具体的な幸福を楽しめなくなると、お金に心血を注ぐのだ[2]」

お金は凍結された欲望だ。それは具体的な対象に向かうことなく、欲望の充足という概念の象徴になる。

私たちはお金を崇拝する。でも心のどこかで、それを下品なことだと思っている。多くの欲望が――とくに女性の欲望が――そうであるように。

ケア労働は伝統的に家のなかでおこなわれてきた。男性は人間味のない冷たい世界で金を稼ぎ、あたたかい我が家に帰ってきて女性に癒される。そこは感情や道徳や快楽やふわりとしたレースのカーテンの世界だ。

家にいるときだけ、男性は機械の歯車であることをやめられる。家では経済的インセンティブのとおりに動かなくてもいい。市場のことはいったん忘れて、女性のやさしいまなざしのもとで、よりよい人間でいればいい。女性は配慮と共感を通じて男性の人生を補完し、男性が捨ててきた人間らしい感情を思いださせてくれる。それだけでなく、女性には社会全体のバランスをとる役目もある。

社会全体がかぎりない欲と競争の渦のなかに倒れ込まないためには、女性のやわらかな世界が逆方向へと重みをつけなくてはならない。職場での激しい競争に耐えるためには、女性の配慮と共感が彼を包み込んでくれなくてはならない。それが女性の経済的機能だ。近代資本主義が存在感を増してきたヴィクトリア時代から、物語はそのように語られてきた。

ケア労働が家庭を離れて病院や保育園や介護施設に移ってからも、愛とお金の二項対立はそのまま残った。他人の世話をする人は、やさしい心を持っている――すなわち、女性的である。ケアの仕事をするのは純粋な善意からであり、けっしてお金や生活のためではないはずだ、と。

看護師はもともと、修道女の仕事だった。彼女たちは清貧を誓い、他人のために献身した。あるいは結婚前の若い女性が看護師として徴用されることもあった。夫も子もいないのでケアする手が空いているし、近いうちに男性に扶養されるので金を稼ぐ必要もないというわけだ。看護の仕事は高潔で尊いものなのです、と彼女たちは言い聞かされた。だからけっして、お金をもらおうなんて考えてはいけません。

男性の仕事の場合、そんな言い方はされない。社会の役に立つ仕事には価値があるから、お金を稼いで当然だという理屈になる。僕は経済を支えるためにすごく重要な仕事をしているのだ、だから50万ポンドのボーナスを受けとる権利があるのだ、と。それなのに話が女性のことになると、お金のために働くなどけしからん、と言われる。そしてケア労働は伝統的に女性のものとされてきたため、お金とは無縁なものに分類されている。

ケアの仕事に女性が多いから賃金が低いのか、それとも賃金が低いから女性がその仕事につくのかという問題には容易に答えられない。明らかなのは、女性が男性よりもずっと多くケアの仕事をしていること。そして人をケアする仕事は、愛とお金の二項対立のせいで、経済的に低く見られているという事実だ。

*

近代看護学の創始者であるフローレンス・ナイチンゲールは、1820年にイギリス人の両親のもとに生まれた[3]。両親の新婚旅行中に生まれた彼女は、そのとき滞在中だったイタリアのフィレンツェ（英語読みでフローレンス）にちなんでそう名づけられた。家庭が裕福だったため、さまざまな分野で豊かな教育を受けて育った。

ナイチンゲールは早い時期から、看護師になる使命を感じていた。ただし母親はこれに反対だった。看護の仕事は、教育のない貧しい女性がやるものという偏見があったからだ。それでも、家族の反対を押しきり、彼女は看護の理論と実践を学んでいった。

１８５３年にクリミア戦争が勃発した。衰退しつつあったオスマン帝国の領土をめぐり、欧州の大国がぶつかりあった大規模な戦争だ。戦いは混乱をきわめ、前線では傷病兵が劣悪な環境に放置され、薬や食料もろくに届かない状況だった。不衛生な環境でコレラなどの病気も蔓延《まんえん》していた。

この戦争が技術的に新しかった点は、銃火器の進化や塹壕《ざんごう》戦に加えて、電報で情報をやりとりできるようになったことだ。新聞記者が現地の悲惨さをリアルタイムで本国に伝え、人々はその状況を何とかしなければという思いに駆られた。ナイチンゲールもそのひとりだった。１８５４年10月21日、ナイチンゲールは38人の看護ボランティアを率いて黒海へ向かった。めざすはイスタンブールに隣接する町スクタリ（ユスキュダル）の病院だ。イギリスのメディアは船が現地に到着する前からこの異例の看護部隊を記事にした。ナイチンゲールとは何者か？　女性が軍に乗り込んで何をしようというのか？

スクタリの野戦病院では少ない人員が過労に追いこまれ、衛生状態はきわめて悪く、感染症が流行し、傷病兵は床に放置されて死ぬのを待っている状態だった。ナイチンゲールは自身の資産とタイムズ紙に寄せられた募金を使い、必要な物資の購入に取りかかった。汚れたシーツや衣服を洗濯するため、病院の近くの家を借りて洗濯棟にした。現地で生鮮食品を買い、兵士たちに柑橘《かんきつ》系の果物を食べさせた。果物を食べずにいると栄養状態が悪くなることを知っていたからだ。それまで戦場の食事といえば腐りかけの肉が配られる程度だったが、ナイチンゲールはロンドンから料理人を招いて、栄養に配慮した食事をつくらせた。

病院の衛生状態が改善されると、兵士の死亡率は大幅に下がった。ナイチンゲールはその数値を事細かに記録し、データを活用して反対派を説得していった。

それは看護の革命だった。

任務を終えてロンドンに戻ったナイチンゲールは、国民的スターになっていた。家の名を汚すという家族の予想とは反対に、ナイチンゲールは看護で伝説になったのだ。白衣を着て病人たちを献身的に看護する女性のイメージは人々の心をつかんだ。メディアは彼女を白衣の天使と呼び、暗い病棟に光を灯すやさしい女性のイメージを広めた。

うつむきがちでおとなしく献身的な女性。そんなナイチンゲールのイメージは現代にも残っているが、実際のナイチンゲールは手厳しい批評家であり、何より経済に物申す人だった。彼女は統計学を武器にして、看護に対する考え方を変革した。おとなしく他人に追従するだけの人にはできないことだ。

お金はけっして悪ではない、とナイチンゲールは主張した。看護が神聖な仕事だとしても、お金を受けとっていけないわけがない。善いおこないと金銭的な豊かさが両立しうるという考えは、ナイチンゲールの著作のなかに繰り返し登場している。神聖な仕事をこの俗世でおこなうためには、お金という手段がどうしても必要だ。

フローレンス・ナイチンゲールは生涯を通じて看護師の待遇改善のために戦いつづけた。その事実を現代の私たちは忘れがちだ。お金のためか善意のためか、という二択は、私たちのジェンダー観と密接につながっている。

男性が利益のために働き、女性がそれを補完する。このイメージは私たちの心の奥底に染みついている。だから、お金とやさしさが一人の人間のなかに共存していることを、どこか受け入れがたいと感じてしまう。

保育園のお迎えや放射性廃棄物の受け入れが単なる利益の計算で動かないのと同様、ケアの仕事に従事する動機もそんなに簡単なものではない。女性がもともと献身的で、人類と社会のために自分を犠牲にするよう生まれついているわけではない。

献身とケアの象徴であるフローレンス・ナイチンゲールだって、けっして天使ではなかった。彼女は現実を生きていた。ケアが女性から自然に湧いてくる天然資源だというイメージほど非現実的なものはない。それなのに、私たちはそのイメージに固執する。そうしないと社会が回らないからだ。

私たちはナイチンゲールを、経済の幻想にうまく合うかたちに歪めてしまった。男性が必要とする女性のかたちに。

でもそれは、長期的に見て賢明な戦略だっただろうか。

＊

現在、世界中でケアワーカーの不足が問題になっている。少なくとも西洋社会では、ほとんどの女性の選択肢がケア労働しかなかった時代は終わった。

フィリピンでは2000年から2003年のあいだに、3500人の医師が看護師になる再教育を受けている。[4] 看護師の資格を身につけてアメリカに渡れば、故郷フィリピンの医師にくらべて4倍から6倍の給料が稼げるからだ。

アフリカでも看護の教育を受けた人たちが続々とカナダへ渡り、さらにカナダから米国へと移住した。世界中で病気に苦しむ人のうち24％がサハラ以南のアフリカに集中しているのに、その地域で働く看護師は全体の3％にすぎない。ザンビアでは人口1万人に対して看護師の数はわずか2・2人だ。米国の40分の1以下の数字である。

市場経済では、人はお金のあるところに流れる。

先進国でもケアワーカーの数は十分ではない。先進国におけるケア労働の賃金がほかの国にくらべて高いとしても、やはり国内の別の職種にくらべるとけっして良くはない。女性たちはより給料のいい仕事を求め、別の職種へと移っていく。スウェーデンでは、2030年の時点で13万人のケアワーカー不足が見込まれる。(5) 同じ2030年の米国でのケアワーカー不足は40万人から80万人とも言われている。

賃金が低い状況でケア労働離れを防ぐことは難しい。お金はやはり重要なのだ。

だからといって、ケア労働の尊さが損なわれたりするだろうか？

お金とモチベーションの関係は複雑だ。経済人なら職業の選択も、自殺するかどうかの決定も、職場へ行くのにどの道を通るかも、すべて自己利益に照らして決定されるだろう。

でも普通の人は、もっといろいろな要素に動かされている。

お金と倫理の関係を調べた研究によると、気配りや良心、誠実さや仕事の楽しみといった要素は、お金が絡んだとたんに消え失せることがある。イスラエルの保育園やスイスの放射性廃棄物をめぐる国民投票を見ればわかるように、お金を増やせばモチベーションが増えるわけではないのだ。

その一方で、お金が仕事の評価として認識される場合には、お金でモチベーションが上がることもわかっている。自分の仕事に正当な対価が支払われればうれしいし、やる気が出るものだ。

お金を払うことには、あなたの仕事を評価し、感謝していると伝える意味がある。それにもちろん、働く人はお金を必要としている。男性でも女性でも同じだ。働くだけ働いてお金がもらえないのは困る。どんな仕事であれ、正当な対価を求めるのはけっしてわがままではない。


アダム・スミスは愛を瓶に詰めて保管した。経済学者はその瓶に「女性」のラベルを貼った。その中身はほかのものと混ざらないように、慎重に隔離されなくてはならなかった。それは経済から切り離された「もうひとつの経済」となった。経済の役には立たず、お金とはまったく関係のない、女性の体から湧いてくる資源。

のちにシカゴの経済学者たちは、この「もうひとつの経済」を抹消することにした。経済にカウントしないだけでなく、そもそも存在しないことにしたのだ。愛はいらない、家族も結婚も市場原理で動かせばいい。

そして市場のほかには、何もなくなった。

愛情やケアを保護したいなら、経済から締めだすかわりに、きちんとお金とリソースを提供すべきだったのだ。何が人の暮らしにとって大切なのかを考え、それに合わせて経済を築いていくべきだったのだ。でも私たちの社会は、その逆のことをした。

私たちは、経済の論理に合わせて、人のかたちを変えてしまった。

第11章 格差社会はどのように仕組まれてきたか

/ Chapter Eleven /

1978年、鄧小平《とうしょうへい》が中国の最高指導者の座につき、経済自由化に着手した。(1) 毛沢東《もうたくとう》が亡くなって2年、周辺の日本や台湾、香港、韓国は急速な経済成長をなしとげていた。計画経済はもう古い、市場の時代の到来だ。わが国も負けてはいられない。

中国共産党は経済成長を主要任務に位置づけ、そこから20年で資本主義の風雲児となった。誰もそんな勢いの経済成長を見たことはなかった。新たな支配階級となった経済学者たちは、いたるところで民営化プランを書き、民営化した会社を買い取り、毛沢東主義者を追い払った。

党内には反対派も多く、鄧小平のプランは一筋縄にはいかなかった。劇的に変化したロシアとは違い、改革は徐々に、外堀を埋めるように進められた。表立って口にする者はなかったが、誰が実権を握っているのかは明らかだった。西洋の経済理論で武装し、中国への愛国心に満ちた経済学者たちが、大国の進路を書き換えようとしていた。新自由主義の教えはマルクスや毛沢東の言葉にくるまれて世の中に普及した。

上海は今、あまりのスピードで開発が進んでいるため、街の地図を毎週書き換えなくてはならないほどだ。数億人の中国人が田舎暮らしから都市生活へと移行した。西洋で200年かかった変化が30年のうちに起こり、中流階級の人口は記録的な速さで増えた。現在、自力で成功した女性ビリオネアの人口が世界でもっとも多いのは中国だ。中国で製紙業を営む女性、張茵《ちょういん》の資産は、米国のセレブ司会者オプラ・ウィンフリーの2倍以上になるという。

その一方で、中国の国土の3分の1には酸性雨が降り注ぎ、空気は灰褐色《はいかっしょく》に変色した。大気汚染による死者は年間40万人にも達する。環境を使った自殺行為だ。

1989年、民主主義と自由を求めて、天安門広場にデモ隊が集まった。これには新自由主義的政策による格差拡大とインフレに対する抗議の意味もあった。6月4日の早朝、鄧小平が武力鎮圧に乗りだしたとき、殺されたのは民主化の声だけではなかった。広場を踏みしだく戦車の轟音は、平等を求める声もまた鎮圧した。それから少なくとも15年は、誰も声を上げようとはしなかった。

労働者の収入が中国のＧＤＰに占める割合は１９８３年以降どんどん小さくなり、工場での労働条件は年々ひどくなった。iPhone の製造を請け負うフォックスコンの工場では、16か月のあいだに14人もの自殺者が出た。フォックスコンでは労働者の給料を3割引き上げ、同時に「自殺をしません」という誓約書にサインさせた。(2) もしも違反して自殺した場合は、残された家族の受けとる補償が最低レベルになる罰則つきだった。

問題は自殺だけではない。過労死という言葉はそのまま英語になっているが、そのような言葉ができるほどに、働きすぎによる死が一般的になった。

＊

鄧小平が改革に着手してから数か月後、ポール・ボルカーが連邦準備制度理事会（ＦＲＢ）議長に就任した。１９７９年7月のことで、当時アメリカは長期的なインフレに苦しんでいた。明日の1ドルはまちがいなく、今日の1ドルより価値が下がる。みんながそう考えていたので、給料も物価も額面の値段が上がっていく。そうするとさらにドルの価値は下がり、給料や物価はさらに上がる。悪循環が続いていた。

ポール・ボルカーは何がなんでもインフレを叩きつぶそうと考え、ほんの2、3か月でアメリカの金融政策を大幅に書き換えた。それでも2年後にロナルド・レーガンが大統領に就任した時点で、失業率は8・4%と高く、インフレ率もいまだ2桁だった。レーガンは大幅な減税と軍事支出の増加で景気を刺激し、同時に金利を引き上げて景気の過熱を抑える二重の手段を講じることにした。

同じ時期、イギリスではマーガレット・サッチャーが首相の座についた。労働組合を弱体化し、公共サービスを縮小し、大英帝国の経済力を取り戻そうという動きが本格化していた。サッチャーとレーガンは、出会うべくして出会ったといえる。

新たな時代が始まろうとしていた。

それまであまり知られていなかった新自由主義という考え方が、サッチャーとレーガンの各政権で政策の中心に据えられた。「社会などというものはない[3]」とサッチャーは言った。あるのは自由な個人と、その家族だけだ。それ以上のコミュニティや集団は存在しない。

新自由主義の核心は政府を縮小し、その役割を紙幣発行、軍事、司法といった領域に限定することだ。政府の仕事は市場への介入ではなく、民営化を進めて市場が自由に動ける環境を用意すること。それ以上の手出しをしてはいけない。ただし市場がない領域についいては話が別で、大地や水、空気、ケア、教育といったものを市場化するのはどんどんやっていい。民営化し、分断し、市場に似た関係をつくっていけばいい。あらゆるものは売買の対象だ。それでこそ経済が回る。

新自由主義の理論によれば、政治の役割は競争を生み、維持することである。もっと速く、もっと大きく。

フリードリヒ・ハイエクやミルトン・フリードマンといった新自由主義の説教師たちはもっと巧みな言葉を使ったが、言っていることは基本的に同じだった。減税、小さな政府、金融セクターの規制緩和。

労働市場でも株式市場でも、個人が自由に動ける環境を用意しさえすれば、経済はうまく成長する。経済人はせっせと働き、起業し、利益を最大化するだろう。人はそういう生き物なのだから、邪魔しないほうがいい。やる気を削《そ》ぐんじゃない。社会保障を充実させたりしたら、働かなくなってしまうじゃないか。安心は闘争心を弱める。そうなったら誰が市場を動かすんだ？

経済人はいつでも合理的なやり方を選ぶので、失業や病気でお金がもらえるなら、わざわざ働いたりしない。失業でお金が手に入るなら、そちらを選ぶに決まっている。

地球上のリソースは限られている。少ない資源をめぐって人は互いに争い、生き延びるために他人を蹴落とす。市場原理と経済格差は、そうした競争を止めないための自然なやり方だ。戦わなくても欲しいものが手に入るなら、努力する意味がなくなってしまう。だから、必要に応じて与える社会よりも、無理やり働くように仕向ける社会のほうがいいのだ。甘やかしたら人は成長しなくなるし、能力を発揮できなくなる。怠惰な人間が得をする社会をつくったら、怠惰な人間ばかりになってしまう。それでは人のためにならない。

この考え方を突きつめれば、世の中にはつねに勝者と敗者がいなくてはならないということになる。努力する人が勝ち、努力しない人が負ける。だからお金持ちは努力した人間、よい人間だ。高所得者の税金を安くするのは当然である。

逆にお金を稼げない人は、努力が足りないのだ。そういう人は成功者の言うことを聞いていればいいのだ。世の中には低賃金の働き口がたくさんあるのだから、努力しない人は黙ってそういう仕事に従事していればよろしい。

誰もが能力に応じて働ける社会へ。稼げる人を優遇し、稼げない人を罰する社会へ。

サッチャーとレーガンはこういう論法で、手段を問わずに経済を苦境から救おうとした。しかし、どちらも思っていたような成果は上げられなかった。80年代初頭の不況の後で英米の経済は回復に向かい（いずれにせよ不況の後には回復するのが一般的だ）、金利とインフレ率は下がったが、失業率はいっこうに下がる気配を見せなかった。英国でも米国でも格差が広がり、生産性の伸びはきわめて低いレベルにとどまった。

新自由主義は80年代の論壇を席巻したが、この時期に堅実な経済成長を見せたのは西ドイツや日本のほうだった。インフレに対抗する中央銀行を持ち、しかし新自由主義的改革にはまだ呑み込まれていなかった国々だ。西ドイツでは労働組合の力が強く、賃金水準が高かった。日本では公共事業が経済の大きな牽引力になっていた。だがそうした現実にもかかわらず、人々は新自由主義に言いくるめられた。

新自由主義の力は、単なる経済政策の域を超えていた。

＊

新自由主義の経済政策は、景気が後退しているのに物価が上がる「スタグフレーション」への対抗策として登場した。１９７０年代の終わり頃に現れたこのスタグフレーションは、インフレ率と失業率が同時に上昇するという厄介な代物だった。それまでの経済学では説明のつかない現象だ。

ケインズの流れを継ぐ経済学では、失業率が下がればインフレ率が上がり、失業率が上がればインフレ率は下がると考えられていた。たとえば失業率が低く、雇用が十分にあるときには、労働者の交渉が有利になって賃金が上がり、それに応じて物価が上がる。失業率が高く、人々が仕事を選べない状況では、逆に賃金と物価が下がる。だから政府のやるべきことは、インフレと失業のバランスをとることだった。ところがこの前提が崩れ、失業率が高くインフレ率も高いスタグフレーションの状況が出現した。これまでの理論では太刀打ちできない。何かまったく新しい理論が必要だ。

こうして人々は未知の理論に飛びついた。そのリスクを検証する暇もないままに。「低所得層と中間層を助けたければ、富裕層の税金を減らせばよい」とアメリカの作家ジョージ・ギルダーは言った。彼の著書『富と貧困』は１９８１年に出版され、１００万部を超えるベストセラーとなった。ロナルド・レーガンもこの本を熱心に周囲の人に勧めていたという。資本主義の無謬を保証するギルダーの理論は、あまりにも魅力的だった。金持ちがますます金持ちになれば、それだけで経済全体がよくなるというのだから。

ギルダーによると、富裕層の税金を減らせば、富裕層の使えるお金が増える。すると彼らは豊かな資金を使って事業を起こしたり、新技術に投資したりする。それによって経済は成長し、雇用が増える。仕事がなかった人たちは富裕層の起こした会社で雇ってもらえるだろう。すると低所得層が収入を得るようになり、その収入から税金を払う。その結果、国の税収が増えて、経済は安定する。

減税をしたはずなのに税収が増える。引き算が足し算に変わる魔法だ。

だが、それはちょっと都合がよすぎるのではないか。ジョージ・ブッシュ（父）でさえこれを呪術《ブードゥー》経済学と呼んで批判した。

もちろん魔法など存在しなかった。

1974年、経済学者アーサー・ラッファー、ウォール・ストリート・ジャーナル記者のジュード・ワニスキー、そしてのちに副大統領となるディック・チェイニーの3人がワシントンDCのホテルの一室で顔を合わせた。(4) チェイニーは最初、話の内容がうまく理解できなかった。そこでアーサー・ラッファーが紙ナプキンを取りだし、そこに半円形の曲線を描いた。

曲線の示すところはシンプルだった。もしも税率を0％にすると、国の税収はゼロになる。もしも税率を100％にすると、仕事をしても収入が得られないので誰も働かなくなり、やはり国の税収はゼロになる。

0％と100％のあいだの曲線、その盛り上がりがもっとも高くなるところに税率を設定すれば、国の税収はもっとも高くなるはずだ。つまり税率は高すぎてはいけない。税率を下げたほうが税収が増えることもある。チェイニーの目がぎらりと光った。なるほど、大幅な減税をしても、国の財政は全然問題ないじゃないか。

ジュード・ワニスキーは後に『世界はどのように動くのか（*The Way The World Works*）』という本を書き、ラッファー曲線を世に広めた。ギルダーの『富と貧困』とともに、この本は富裕層の減税が経済全体をよくするという考えを西洋のエリートに広めることになった。

ラッファー曲線はあまりにシンプルで、あまりにパワフルだった。単純な曲線なのに、私たちの生活すべてがそこに描かれているような気がしてくる。

まだ歩けない赤ん坊だってこの理屈を理解しているんですよ、とワニスキーは言う。ベビーベッドに寝かされた子どもがじっと静かにしていると、隣の部屋にいる母親は様子を見にきてくれない。母親に対する税率が0%で、子どもの税収（母親の注意を引く）もゼロの状態だ。逆に子どもがずっと泣きっぱなしだと、母親はうんざりして、泣いても様子を見にこなくなる。これは母親に対する税率が100%で、子どもの税収がやはりゼロの状態だ。

子どもは合理的なので、泣いたり泣かなかったりするちょうどいい税率を見つけるだろう。国の財政もそれと同じなのだ、とワニスキーは言う。取りすぎるからだめなのだ。2千億ドルくらい減税しても財政は持ちこたえるはずだ。

しかし当然、財政はダメージを受けた。1千億ドル、2千億ドルと税収が減っていった。レーガン政権で行政管理予算局局長を務めたデイヴィッド・ストックマンは、のちにこう述べている。「1982年には、レーガノミクスが挫折することは目に見えていた」[5]

ラッファー曲線を使っても、マイナスがプラスになるわけではなかった。富裕層の減税をしたいレーガンは、どうしても魔法を信じたかったのかもしれないが。

＊

サッチャーとレーガンの時代は、経済をよくするかわりに、史上最大規模での富の再分配を開始させた。多数の庶民から少数のエリートへの再分配だ。

アメリカでは1978年から1999年のあいだに、全収入に対して上位0・1％の超富裕層の収入が占める割合が3倍に増加した。[6] 同じ時期、イギリスでは富裕層トップ1％の収入の割合が1982年の6・5％から2005年の13％へと倍増した。ロシアにも新自由主義の衝撃は及び、超富裕層がその他の人たちを大幅に引き離した。現在、モスクワには世界中のどの都市よりもたくさんのビリオネアがいる。

1970年代には、アメリカのCEOの報酬は平均的な労働者の30倍程度だった。21世紀が始まる頃には、それが最大500倍程度に増加した。モルガン財閥を築いたJ・P・モルガンはかつて経営者の平均報酬を従業員報酬の20倍程度にするべきだと言ったが、2007年にはその数字が364倍となっている。経営者の高額報酬の流れはアメリカからほかの先進国へと広がり、イギリスでも役員報酬が2002年から2012年の間に3倍になった。イギリスの時価総額トップ100企業におけるCEO報酬は、1998年に平均的な従業員の45倍だったのが2010年には120倍になった。(7)

現在、10億ドル以上の資産を持つビリオネアは世界で1000人程度だが、その少数者の資産の合計額は低所得者25億人の資産を合わせた額よりも大きい。米国では1979年から2007年までの国全体の所得増加額のうち、下位90%を合わせたよりもさらに多くの金額が上位1%の懐《ふところ》に入っている。

かつてないレベルで少数者への富の集中が進んでいるのだ。

超富裕層がこれほどの速さで下位を引き離したのは、グローバル化によるところも大きい。『ハリー・ポッター』シリーズを書いたJ・K・ローリングは19世紀の文豪チャールズ・ディケンズよりもはるかに多くの収入を手に入れたが、これも世界中で本が売れたおかげだ。(8) だがそれだけでは、あらゆる業界で格差が広がっている理由を説明できない。

国連のデータによると、世界中の広い地域で経済発展が進んでいるにもかかわらず、2

005年の国家間の経済格差は10年前よりも大きく広がった。[9] 最富裕国の一人当たりGDPは平均して最貧国の100倍以上。100年前であれば、その数字はせいぜい9倍だった[10]［2020年の国連レポートによると、富裕国と貧困国の相対的な格差は減少に転じている。ただし富裕国と貧困国の一人当たりGDP平均を絶対値で比較した場合、その差は1990年から2018年の間に大きく増加しており、人々の実感としての格差は改善されていない］。

これまでになく勢力を伸ばしている超富裕層のなかで、女性の占める割合はとても少ない。企業で出世する女性の数は増えているが、フォーチュン500（全米の上位500企業）のうち女性がトップに立っているのはわずか15社［2020年の時点では37社に増加したが、その大部分は500社の中でも下位に集中している］。英国サンデー・タイムズ紙が毎年発表する長者番付「リッチリスト」では、2011年の時点で上位1000人のうち女性はわずか11％だ［2020年のデータでは1000人中150人（15％）］。ドイツ版の長者番付では、女性の割合は6人に1人となっている。[11] 超富裕層の女性は財産を相続した人が多く、自力で成功した人はまだ少ないのが現状だ。10億ドル以上の資産を持つビリオネアのうち女性の割合は9％、そのうち自分で稼いだ人となるとわずか14人しかいない[12]［2020年の時点で女性のビリオネアは234人（全体の11％）に増加したが、そのうち自分で財を成した人は67人にとどまっている］。このパターンはかなり顕著で、コロンビア大学のレナ・エドランドとボイチェフ・コプチュクによると、女性の超富裕層が多い社会ほど世代間の所得流動性が低い（低所得層と高所得層の入れ替わりが少ない）傾向がある。[13]

これはけっして富裕層の女性が流動性を下げているという意味ではない。そうではなく、流動性の低い社会では自分の稼ぎよりも相続で富裕層になる人が多いということだ。女性は父親や夫からの相続以外で財産を手に入れるのが難しいため、流動性の低い社会でないと富裕層にランク入りできないのだ。

1980年代に「ペーパー経営者」という現象が登場した。[14] 金融セクターの規制緩和を受けて、先進国のエリートたちは数字をやりくりして書類上の利益を出す作業に没頭していた。世の中がイノベーションを求めているときに、彼らは計算のトリックに夢中だった。

2008年には、ハーバード・ビジネス・スクール卒業生の41％が金融セクターのヘッジファンドや投資銀行、ベンチャーキャピタルに就職した。[15] 記録的な数だった。同年の秋にリーマン・ブラザーズが経営破綻し、世界的な金融危機が起こった。何兆ドルもの資産が失われ、数千万人が貧困に追いやられた。

金融市場がこれほどまでに投機的になり経済全体を揺るがす裏側には、高リスクな投資をものともしない超富裕層の存在がある。世の中のお金のほとんどがトップ1％に集中している社会では、大口投資家が好みそうな金融商品の人気が高まる。すると一部の人気金融商品の値段がどんどん膨れ上がっていく。こうして出現したバブルはしかし、遅かれ早かれ弾ける運命だ。格差拡大と金融危機はたいてい時を同じくしている。金融危機が起こっても、お金に余裕のあるエリートはそれほどダメージを受けずに生き残れる。そしてエリート層の多くは、男性だ。

金融危機が起こるとき、そこにはそれ以上の金を稼いでいる人たちがいる。

１９３０年代の世界恐慌が起こる直前、米国における富の不均衡は２００８年の金融危機直前とほぼ同じレベルだった。[16] １９２８年にも２００８年にも、１％の富裕層が総所得の24％を稼いでいた。一部の人に富が集中すれば、そこに権力も集中する。

富と権力を手にした少数者は、世界経済のルールを書き換えることができる。もちろんその権力を使って、自分たちに都合のいいルールをつくることもできる。

「神は誰のそばにもいらっしゃる……そして長い目で見れば、神はお金と武力をたっぷり持った人間をお選びになる」[17] とフランスの劇作家ジャン・アヌイは言った。

経済人は今の世界のヒーローだ。みんなの憧れであり、新自由主義にお墨付きを与える存在だ。富める者がますます富めば、我々はみんな救われる。神が我々をお救いくださる。

これが唯一のやり方なのだ、と経済人は宣言する。

たしかにほかのやり方は不可能かもしれない。
私たちが経済人の真似をしているかぎりは。

第12章 / Chapter Twelve /

「自分への投資」は人間を何に変えるのか

世界でもっとも高い建物は、ドバイにある(1)。

ドバイはアラブ首長国連邦を構成する7つの首長国のひとつだ。めざましい経済発展、民主主義も政党もない絶対君主制、所得税もなければ労働組合もない世界。

まるで砂漠の真ん中につくられた、新自由主義のテーマパークだ。

この小さな国は、新自由主義を代表する経済学者ミルトン・フリードマンの名前をとって、フリードマンのビーチクラブとも呼ばれている。長年にわたって非常に高い経済成長率を維持し、自由経済のユートピアとして君臨してきた。規制はほとんどなく、経済はとても活発だ。一時は世界中の建設用クレーンの15%がドバイに集まっているとも言われた。

毎年恒例のショッピング・フェスティバルにはデヴィッド・ベッカムからアフガニスタン

の麻薬王まで、ありとあらゆる金持ちが集まってくる。

一方、都心を一歩離れると、外国人労働者の住むキャンプが乱立している。狭い部屋に6人から8人が詰め込まれ、台所やトイレすらついていないことが多い。

ドバイの街をつくったのは、外国人労働者たちだ。でも彼らは、都会の住人からは見えないところに追いやられている。同じく、ロシアやインドやイランやアルメニアから来たセックスワーカーも、人々の目から隠されている。マフィアの仲介で、高級ホテルで外国人観光客に体を売る女性たち。自由なドバイのイメージには、女性の体を買う自由という意味もかなり含まれる。

政治は市場のニーズを満たすために存在する。安い労働力、自由に商売できる場所、セックス、エンターテインメント、助成金。ドバイの首長は俗にドバイ社CEOとも呼ばれ、国をまるで民間企業のように経営してきた。

新自由主義にとってこれほど完璧なユートピアはないだろう。

砂に囲まれた理想郷。経済格差や環境破壊などちっとも気にしない、孤高の楽園。

＊

米国の政治哲学者ウェンディ・ブラウンによると、新自由主義者はけっして市場を「自然な」ものだと考えていない。(2) そうではなく、彼らは新自由主義のイデオロギーに合った現実を人の手でつくりだそうとしている。

一方で人はみな競争的だと言いながら、他方では競争をうながすためのインセンティブが欠かせないと言う。一方で人はみな金持ちになりたいのだと言いながら、他方では減税によって金持ちのメリットを宣伝する。

新自由主義は競争こそがあらゆる関係の根本にあると謳《うた》っているが、何もしなければ競争がなくなることを誰より知っているのも新自由主義者だ。だから政策を通じて競争を生み、なんとしても競争状態を維持しようとする。新自由主義が政府をなくしたいというイメージは大まちがいで、単に政府を都合よく操りたいだけだ。ドバイのような、新自由主義を推し進める政府が欲しいだけだ。

経済人ひとりでは思うように活動できないので、新自由主義は経済人を助ける制度をつくり、インセンティブを用意し、合理的で競争好きな個人に合った社会を推し進める。市場原理にもとづいた意思決定がなされるよう、あらゆる方面に手をまわす。

現実の人間は、つねに利益と競争のことを考えているわけではない。でも新自由主義はそういうビジョンを広め、制度化する。民営化を推し進め、教育から環境政策から看護や介護まで、あらゆる業界を市場原理で動かそうとしている。トマトを売るようにケアを売る社会、それが今の世界の向かおうとしている姿だ。市場のなかったところに政治の力で市場をつくり、何が何でも競争を維持していく。

新自由主義の自由は、けっして自由放任という意味ではない。市場にまかせておけば経済がうまくいくという立場は自由放任主義《レッセフェール》と呼ばれるが、これと新自由主義とはかなり性格が異なる。

自由放任主義は、アダム・スミスの「見えざる手」をもっとも忠実に受け継ぐ経済理論だ。アダム・スミス自身が自由放任主義の具体的な政策を説いたわけではないが、彼の考え方を継承し、なるべく政治が手を出さずに市場にまかせるというのが自由放任主義の考え方である。

それに対して新自由主義は、政治を市場に従属させようとする立場だ。新自由主義者は政治を使って競争と合理性という社会規範を広め、経済を特定の方向に導いていく。小さな政府と言いながら、実際は政府の力を市場のためにめいっぱい使いたいだけだ。

新自由主義は金融・財政から家族や刑罰まであらゆる領域で、市場のニーズに役立つ政策を推し進める立場なのである。

フランスの思想家ミシェル・フーコーは、古典的自由主義と新自由主義の違いが、経済活動の捉え方にあると考えた(3)。

古典的自由主義は、財の交換に注目する。何かを手に入れるために、何かを差しだす。それが社会を形づくる基礎の部分だ。何と何を交換したか。その交換はフェアだったか。正しい手続きで交換がなされたか。

彼らは交換というレンズを通して世界を見る。そこでは人々の取引や契約が基礎にあり、その総体が人の暮らしを形づくる。政治を成り立たせるのも、国と人との契約だ。私たちはいくらかの自由を差しだし、そのかわり国に安全を保障してもらう。差しだした自由に見合った政治を国はしているか。それはフェアな交換か。正しい手続きでおこなわれているか。そういう論理でものごとは進んでいく。

一方、新自由主義は、交換ではなく競争に注目する。競争というレンズを通して世界を見るのだ。

競争がなければ社会は成り立たない。それこそが新自由主義の基礎になる考え方だ、とフーコーは言う。個々の政策や理念はその派生物にすぎない。アダム・スミスは交換を自然なやりとりとして位置づけたが、新自由主義は積極的に競争をつくりださなければならないと考える。

ポイントは、競争が人為的なものだということだ。放っておくと市場に独占状態が生まれるので、政府はそこに介入して競争を保たなくてはならない。そして新自由主義は、市場そのものよりもむしろ、それを構成する人間に介入する。人を操ることで、市場を操ろうというわけだ。

「経済学はただの手段です。目的は人の心を変えることにあります」[4]とマーガレット・サッチャーは言った。

古典的自由主義において、人は市民としての側面と経済主体としての側面を持っていた。でも新自由主義には、そういう区別はない。人と人との関係は、すべて経済でしかないからだ。市民や労働者や消費者といった区別に意味はない。みんな同じ経済人だ。仲良く競争しようじゃないか。

新自由主義は単なる政治的プログラムではなく、人間とは何かという問題に新たな答えを与えるものとなった。

カール・マルクスは資本主義について、労働者の知識やスキルや人間性を徐々に機械化するプロセスであると言っている。[5]労働者は朝起きて仕事に行き、ほかの誰かが所有する工場で、ほかの誰かが考えたものをつくる。そうしてできた生産物は見知らぬ誰かが買い、売上は自分ではなく工場のオーナーのものになる。

そうやって他人に言われるままに他人のものをつくっているうちに、労働者は機械の歯車に近づいていく。交換可能な部品となり、人間らしさを徐々に失っていく。労働者の手に残されたものといえば、自分を束縛する鎖だけだ。

マルクスは労働者＝労働力、機械や工場＝固定資本、そこで生みだされたお金＝流動資本、の3つの要素で経済を説明する。そして労働と資本の対立こそが、歴史を動かす力であるとする。マルクス主義に共感するかどうかは別として、これがひとまず古典的な枠組みとして存在していた。

そこに新しいものを持ち込んだのが、1950年代末のアメリカの経済学者たちだ。新しいものといっても、実はずっと昔に発見され、やがて忘れられていた経済学の概念だった。

アダム・スミスが『国富論』のなかで「人的資本」と呼んだものだ。

人の教育やスキルや能力は一種の資本である、とスミスは言う。工場のオーナーが労働者のスキルアップや教育のために金を使うことは、新しい機械を購入するのと同じく、将来的な収益のための投資になる。

たとえば従業員を研修に送りだして新しい技術を学ばせるのは、次の日から従業員の生産性を倍にするためだ。研修には費用がかかるし、そのあいだ職場を離れさせなくてはならない。それでもお釣りがくるほどに効果があるはずだから、雇用主は従業員に投資する。人の能力やスキルを資本と捉え、その資本をいかに増やすかを考えているわけだ。

シカゴ学派の経済学者たちは、この人的資本という言葉を自分たちの理論に取り入れた。(6) ヒューマンキャピタルとも呼ばれるこの概念が経済と労働市場に与えた影響は計り知れないが、ここでは深入りしないでおく。フーコーが語るのは、新自由主義の文脈における人的資本の概念がいかに人々の考え方を変えたかということだ。

それは経済観にとどまらず、世界観の変革だった。

「今となっては妙に聞こえるかもしれませんが、著書のタイトルを『人的資本』とするのには、正直ためらいがありました(7)」

ゲーリー・ベッカーは1992年のノーベル経済学賞受賞記念講演でそう語っている。『人的資本』は経済学の古典として今も読みつがれる本だ。

「本を出した当初は、この用語や考え方を批判する人も多かったのです。人的資本などと言ったら、人を奴隷か機械のように見ているんじゃないかと、そう思われたのです。それが今では、とんだ変わりようですね」

ベッカーの言うとおり、人的資本の概念は世界を変えた。この言葉が登場して以来、誰もが起業家になり、自分を経営しはじめたのだ。

人的資本は、私たちの暮らしにも深く染み込んでいる。

私たちが勉強してスキルを身につけるのは、将来よりよいリターンを得るための、自分への投資だ。外国に移住するのも、自分をより高く売るためだ。そこにはつねに利益率の計算がある。もしも学校をやめてしまったら、自分への投資額が減り、結果として将来のリターンが少なくなる。教育は資本投下であり、給料は利益の回収だ。人生は経営であり、資本は自分自身である。

＊

人的資本の登場によって、経済人は売買する人間ではなくなった、とフーコーは指摘する。なぜなら、いまや自分自身が企業になったからだ。批評家ふうに言うなら、「機械に」なったからだ。

新自由主義の歴史に、労働者は存在しない。自分が資本なのだから、搾取される存在ではありえない。自分という人的資本に投資するのも自分なら、その利益や損失を引き受けるのも自分だ。うまく投資すれば成功できるし、下手な投資をすれば失敗する。すべて自分の責任だ。

そしてまた、経済学は多くの学問のなかのひとつであることをやめ、人の生活そのものになった。ある人がふらふらするのも、何かをやろうと決めるのも、日常を生きるのも、勉強するのも、あるいは勉強しないのも、すべては経営判断であり、その結果は自分という資本に蓄積されていく。

アダム・スミスが考えたような、互いに取引をする人間はもういない。あるのは自分への投資だけだ。銀行強盗をするのも、大学をやめるのも、歯をホワイトニングするのも、すべては企業と同じ経営判断。利益とコストを計算して、賢く自分に投資すべきだ。こうして経済と人間性は同義になり、経済のほかに人の本質はなくなった。

マルクスが想像したのとは違ったやり方で、資本と労働者の対立は解消された。(8) 生産関係の変化を通じてではなく、人間であることの変化を通じて。

新自由主義は人間を資本に変えることで、労働と資本の対立を解決した。人生は投資であり、投資がその人の市場価格を左右する。

キリストはちっぽけなパンと魚で信徒全員の腹を満たした。あなたも努力すれば自分の腹を満たせるはずだ。きっとあなたならできる。つらいことがあったとしても、これがあなたの世界だ。この道しかないのだ。

新自由主義の世界において、私たちはみんな平等になった。失業して職業安定所に並ぶ女性も、バングラデシュの空港で偽のパスポートを待つ男性も、ビジネスクラスで会議に向かいながら細切れの睡眠をとるCEOも、みんな同じだ。誰もが起業家だ。違いといえば自分という資本に対する投資戦略だけ。まあ生まれながらに開業資金が多い人と少ない人はいるけれど、投資に成功すれば挽回できる。

豊胸手術は投資だ、とある女優は言った。見かけは違っても、その本質はすべて経済なのだ。人生とは自分の価値を増やすための投資の連続なのだ。

こうした考え方を真剣に受けとるなら——もちろんみんな大真面目に言っているわけだが——、あなたは人間であることの意味を根本的に書き換えたことになる。

第13章 / Chapter Thirteen /

個人主義は何を私たちの体から奪ったか

1965年、スウェーデンの写真家レナート・ニルソンが、子宮のなかにいる胎児の撮影に成功した。ライフ誌に掲載された一連の写真は、のちに『生まれる』という本にまとめられている。

ニルソンは電子顕微鏡を使った撮影に1953年から取り組んでおり、実に12年の歳月をかけて作品を完成させた。1965年4月30日発売のライフ誌に掲載された写真は世界中をあっと驚かせ、わずか4日間で800万部の売上を記録した。

大きな頭と魚のヒレのような腕を持つ胎児は体を丸め、水で満たされた風船のなかにふわふわと浮かんでいる。この写真以降、生命のはじまりはそんなイメージになった。命綱ひとつで宇宙をただよう宇宙飛行士のように、へその緒ひとつで未知の世界をただよう赤ちゃんの姿。そこに母親は存在しない。母胎はからっぽの空間であり、赤ちゃんはたったひとりで冒険に乗りだす小さなヒーローだ(1)。

写真は一般に、客観的だと思われている。でもそれを見る人は、否応なくカメラの視点に縛りつけられる。レナート・ニルソンの写真もけっして世界を忠実に切りとったわけではなく、ひとつの表現としてつくられたものだ。顕微鏡で拡大され、見栄えよくトリミングされたその風景は、現実そのものではない。

おなかの中の生命が孤独にただよっているというのは、現実からかけ離れたイメージだ。胎児はいつでも母親とつながっていて、いろいろなことをやりとりしている。肉に囲まれた狭い空間はドクドクと脈打ち、どこまでが母親でどこからが胎児なのかも判然としない。

レナート・ニルソンの写真は、そのつながりを見えなくしている。母親は都合よく消され、胎児だけが際立っている。そこにはどんな依存関係もやりとりもない。独立した個人が、生まれるのを待っているだけだ。

独立した胎児のイメージは、私たちの生命観に刷り込まれ、そのまま根強くとどまった。きっと特別な魅力があったのだろう。

いったい何が人をそんなに惹きつけたのか？

社会は合理的な契約と自由な市場のうえに成り立っている、と私たちは教わる。企業も消費者も、雇用主も従業員も、すべては同じ意識から派生したもの。ひとつの合理的思考がさまざまな形をとって現れているだけだ。そうした個々のプレイヤーの意思決定が集まり、ひとつの世界を構成する。

でも実際の社会は、もっと闘争に満ちている。搾取があり、人種差別があり、女性差別がある。経済の世界は適者生存のサバイバルだ。富める者がますます豊かになり、残りの者はそれを必死に追いかける。みんなそれを知っているはずなのに、なぜ現実を見ようとしないのだろう。

人は合理的判断によって合意に達し、今の社会をつくりあげてきたのだ、と私たちは何世紀ものあいだ言い聞かされてきた。まずみんなにメリットがあるような社会のしくみがつくられ、それから協力関係が生まれたのだと。その逆ではないと。

この創造神話はさまざまなバージョンで語られているが、神話とはつねに脚色されたものである。想像してみればわかることだ。薄暗い洞窟のなかで、祖先たちが敵も味方もわからずにぽつりぽつりと座っている。そこで突然、ある人が立ち上がる。

「みんな聞いてくれ、ひとつ社会をつくって協力しあわないか？　お互いに物を交換したら、みんなメリットがあるじゃないか！」

どう考えてもおかしな話だ。
それでも私たちは、独立した個人の神話を信じたがる。

ライフ誌の表紙を飾ったレナート・ニルソンの写真は、こうした幻想にぴったりだった。透明なカプセルに入って宇宙をただよう小さな人間。子宮のなかにいながら、子宮とは独立して存在する人間。胎児は自由な個人であり、子宮はただの空間だ。母親の体は一時的に滞在する場所にすぎない。精子が入っていって、赤ちゃんが出てくる。そのあいだの格納場所。母親が何をやっていたかは知らない、関係ない。母親のなかにいたときから、あなたは一人の個人だったから。すでに宇宙空間を支配する王者だったから。

ニルソンの写真の胎児は親指をくわえ、閉じたまぶたの奥からじっと暗闇を見つめている。黒一色の背景に浮かぶ胎盤は、さながら宇宙ステーションだ。

この写真が人々の心を捉えたのは、何ものにも縛られない個人のイメージが時代に合っていたからかもしれない。この写真が発表された1965年、アメリカではリンドン・ジョンソンがケネディの後任として大統領に就任し、ベトナムでの軍事行動を本格化させた。イギリスでは大物ウィンストン・チャーチルが亡くなり、またテレビ放送で初めて「ファック」という言葉が発せられた。レナート・ニルソンの祖国スウェーデンでは、イケアが小規模な家具店から国際的なビジネスへと方向転換し、ローリング・ストーンズが首都ストックホルムでコンサートをおこなった。

実をいうと、レナート・ニルソンが撮ったのは、ほとんどが死んだ胎児だった。だから照明や背景や角度を調節して絶妙な写真を撮れたのだ。たしかに写真の出来はすばらしい。でもそこには、いちばん大事だったはずの、生命がない。

＊

経済モデルの人間観におかしなところがあることは、何十年も前からわかっていた。現実の人間は経済人に似ていない。それでも、私たちは経済人を捨てられなかった。どんなに批判されても、彼はやはり経済のヒーローだった。生活のあちこちに経済人が入り込むのを、私たちはあえて止めなかった。

心理学者が経済人を否定しても、私たちは気にしなかった。経済モデルが繰り返し世界の経済危機を招いても、私たちは気にしなかった。どれだけ景気予測をまちがえても、どんなに機嫌を損ねても、私たちは経済人を手放さなかった。

空想の世界のかけらを集めてせっせと貼り合わせ、それを実用に耐える経済モデルとして使いつづけてきた。

カーネマンとトベルスキーの行動経済学が人の行動の不合理さを見事に示したあとでさえ、状況は変わらなかった。経済人が実在するかどうかなど誰も気にしないかのように、その論理は私たちの暮らしを支配しつづけた。2004年にはベストセラー『ヤバい経済学』が世界を席巻し、人の暮らしはすべて市場原理に従うのだという考えが経済に興味のない人にまで広まった。70年代後半に新自由主義の講義をおこなったミシェル・フーコーも、まさかそこまで新自由主義が世の中に浸透するとは思っていなかったはずだ。

もちろん経済学者がみんな経済人を支持するわけではない。周到な分析で、経済人を真っ向から批判した人たちもいる。しかし経済人は経済学の主流でありつづけ、批判派はその他の位置づけに追いやられてきた。

近年注目を集めている行動経済学は、数々の実験を通じて、人の行動がつねに利益の最大化に向かうとはかぎらないことを示している。[2] 人は利益よりも正義を優先することがあるし、何を好むかは場面によって変化する。情報をあやまって解釈することもあれば、望ましくない意思決定をしてしまうこともある。これらの知見は、経済人の概念を見直すための大きな一歩だ。とはいえ、行動経済学の前提に経済人が居座っていることも事実である。つまり、人が経済人のように行動すると仮定して、そのうえで例外的な行動を探しだしているのだ。人はときどき不合理になるから、合理的意思決定を助けてあげよう、と行動経済学者は言う。正しい方向に背中を押してあげよう。国が適切なインセンティブを用意すれば、みんなよりよい意思決定ができるはずだ。

たとえば電気の使用量についての情報をわかりやすく提供すれば、電気の使いすぎを防止できるかもしれない。あるいは食品に含まれる糖質の量を目立つところに表示すれば、糖分のとりすぎによる肥満を防げるかもしれない。食品業界を無理に規制するより、ずっとスマートなやり方だ。

行動経済学が政治家に都合よく使われてしまうのは、理論の側の落ち度ではない。行動経済学それ自体は、たしかによい方向に進んでいると思う。ただし、行動経済学も従来の経済学と同じく、中心にあるのは個人の意思決定だ。社会がどうやって発展していくかを行動経済学は語らない。人々がつながりあい、ともに生きていくあり方について、行動経済学は多くを教えてくれない。基本はつねに個人だ。依存しない個人、権力関係に影響されない個人。

ちょっとつついた程度では、経済人の地位は揺るぎそうにない。

＊

「みんな同じ人間だ」と言うとき、その言葉は階級やジェンダーや人種や年齢や経歴を超えた共通のものを前提にしている。まるで階級やジェンダーや人種や年齢や経歴の外側に、それらを持たない人間が存在するかのように。まるで身体や状況の違いをするりと脱ぎ捨ててしまえるかのように。でもそういう考え方では何も見えてこない。ものごとを単純化しすぎると、大事なことを見落としてしまう。

私たちはつねにジェンダーや、身体や、特定の立場や、それぞれの歴史や背景を通じて世界を体験する。それ以外のあり方はない。そういうものを抜きにして人は存在できない。それなのに、個別的な状況を取り除いた本質を私たちは想定してしまう。本来は誰もが同じ合理的な心の持ち主なのだ、と思いたがる。

「女性だってひとりの個人だ」と言うとき、私たちは経済学の前提とする孤立した個人にからめとられていないだろうか。

経済学が研究対象とする個人とは、要するにそれ以上分けられないものだ[3]。世界を構成する最小の単位。ニュートンにとっての原子。いちばん小さな要素を理解すれば、すべてが理解できる。

ただし経済学のいう個人を、人間と同一視してはいけない。

人間のおよそ半数は、一人から二人に分かれることができるのだ。

女性の体は、まさに妊娠して子どもを産めるという点で男性から区別される。もちろん女性だから子どもを産めるとはかぎらないし、子どもを産まない女性も多い。それでもこの、一人が二人になる力は、人間のとても大事な特徴だ。人はみんな、そうやって世界に生まれてくる。誰かの体から、もうひとりの人間が出てくる。

人は人から生まれ、人とのつながりのなかに、人とのつながりを通して生きている。

自己完結した状態で生まれ、そこから他人とのつながりをつくっていくわけではない。

それなのに社会を論じるとき、私たちは誤った前提から始めてしまう。社会とは無関係な個人がいて、他人と協力することの必要性を論理的に話しだすというふうに。

「協力すれば食べ物の生産がはかどる」

「獣から身を守るのに役立つ」

「他人がいたほうが幸福になれる」

「病気になったときに助けてもらえる」

「結果的に長生きできる」

たしかに他人といればそういうメリットはあるだろう。でも、私たちはメリットのために他人と一緒にいるのだろうか。ほかの生き方が可能だとでもいうのだろうか。

本当は、順番が逆なのではないか。

私たちは人々の期待や要求のただなかに生まれる。子どもであるとはすなわち、他者に完全に依存することだ。それ以外にどうしようもない。私たちは他者の心に振りまわされる。期待、要求、愛、不安、トラウマ、失望、生きられなかった理想。

この逃れられない親密さのなかで、子どもは少しずつ、ゆっくりと、自分の力で生きることを学んでいく。フェミニスト思想家のヴァージニア・ヘルドが指摘するように、人はもともと、他者への依存のなかに生まれついている。(4) そこからあえて自分のアイデンティティを見いだし、自分の空間を広げていくのが自立という作業だ。他者に取り囲まれ、関係性のなかに編み込まれながら、人は自分自身を見つけだす。

世話をする側にとっても、子どもの自立を育むのは難しい作業だ。子どもの世話が生活のすべてになり、依存されることに生きがいを見いだしてしまうと、お互いに依存が強すぎて離れられなくなる。ちょうどいい相互依存関係を保つのは、誰にとっても大きな課題だ。日々この課題に直面するなかで、人は心に癒えない傷を負う。こんなふうでなかったらいいのに、と空想するのも無理はない。

最初から、ひとりだったらいいのに。宇宙飛行士みたいに、何もない空間をただよっていられたらいいのに。


経済人が現実的でないのはもう明らかだ。興味深いのは、人がそれでも経済人にしがみつこうとする態度である。(5)

きっと私たちは、経済人みたいになりたかったのだ。誰にも頼らず、合理的に生きられる世界が欲しかったのだ。どんな犠牲を払ってもそれを手に入れたかったのだ。

でも、そうやって現実から目をそらしてきた結果、私たちはいったい何を得たというのだろう?

第14章 / Chapter Fourteen /

経済人はなぜ「女らしさ」に依存するのか

16世紀から17世紀にかけて、西洋における人と自然の関係は大きく変化した[1]。それまで自然は生きていて、不規則で、しばしば女性的とされ、人はそのなかに組み込まれたものだった。ところがこの時代から、自由で客観的な人間が自然を征服するという見方が主流になった。それまで生きて動くもの（ときには恐ろしいほど乱暴に）だった自然は、受動的で生命のない、機械的な存在になった。

男性は全体に含まれることをやめて、独立した個人として世界を支配しはじめた。一方、女性は他者の位置に追いやられ、男性が選ばなかったものを割り当てられた。

依存、自然、身体、生命。

男性は理性であり、女性は感情である。男性は精神であり、女性は肉体である。男性は自立し、女性は依存する。男性は能動的で、女性は受動的だ。男性は利己的で、女性は献身的だ。男性は強くて、女性は弱い。男性は計画的で、女性は気まぐれだ。男性は合理的で、女性は不合理だ。男性は孤立し、女性はつながっている。男性は科学で、女性は呪術だ。男性は何かのために死ぬことを教え、女性は何かのために生きることを教える。

これが私たちに与えられた役割だ。男性と女性。日々繰り返し実演されるその動作はダンスの振りつけにも似ている。実際、ただのダンスだったらどんなによかったか。男らしさや女らしさは、現実よりもむしろ社会の期待を反映したものだ。私たちはみんな社会の期待に合わせて行動する。女性はつねにジェンダー役割をわきまえていなくてはならない。男性にも同じことは言えるけれど、そこにはいくらか違いがある。

性別役割分担の解消について語るとき、男の子がピンクの服を着るべきだとか、男性が「まともに取り合ってもらう」ために花柄の服を着るべきだ、と主張する人は見かけない。そんなの馬鹿げている、と私たちは言う。でもビジネスの世界で活躍する女性に対しては、控えめな格好をすることが未だに求められている。フリルのシャツやレザーのスカートは職場の空気にそぐわない。キャリア女性にふさわしいのはニュートラルな服装、つまり、男性っぽい服装だ。男性の身体に合わせてつくられた世界に、女性は自分を合わせなくてはならない。でもあまり男性っぽくなりすぎると、それはそれで叩かれる。女性らしさを忘れずに、男性的な仕事をうまくこなしなさい。

まるで綱渡りである。

一方、男性は状況がかなり異なる。料理番組で人気のジェイミー・オリヴァーに対して、「家庭料理は女性の領域なのだから女性っぽくふるまいなさい」と言う人はいない。ジェイミー・オリヴァーはただ男の子らしくふるまっていればいいのだ。バジルの葉は細かく刻んだりしないで、乱暴に押しつぶす。豪快に、やんちゃに。ぐいぐいとねじ伏せて、鍋に放り込む。

ジェンダー意識の高い保育園では、女の子にピンクのバレリーナみたいな服装をさせることを嫌がる。女の子のステレオタイプを強化してしまうからだ。現代的な都会の保育園で、そんな古くさいことをやるわけにはいかない。もちろん子どもは自由に育つべきだが、ピンクのひらひらした服を着ることは自由ではなく、ジェンダーステレオタイプへの押し込めでしかない。

ところが男の子の服装については、何も言われない。ピンクのバレリーナみたいな服装に顔をしかめる保育士も、男の子がサッカー選手の格好をするのは問題ないと考えているようだ。女の子のピンクはジェンダーステレオタイプで、男の子のスポーツウェアは中立なのである。

男らしさと女らしさはいつも非対称だ。男性が標準で、女性はなにか違うもの。

シェイクスピアのハムレット王子が投げかける「生きるべきか否か」という問いは、彼のように生きるべきか否かという問いだ。私たちはみな、女性であっても、ハムレットの独白に心を動かされる。それは人間の普遍的な苦悩だからだ。男性こそが普遍だからだ。人間であるとは、すなわち男性であるということなのだ。

それに対して、たとえば子どもを産むのは人間の体験ではなく、女性の体験だ。私たちはそのような見方を刷り込まれている。女性の体験はいつでも特殊な位置にある。人間を理解するために出産の本を読む人はいない。シェイクスピアの描いているものこそが人間だからだ。あるいは個人がどこからともなくキノコのように地上に現れ、合理的な社会契約を結んだとする哲学者の話こそが、人間にとって大事なものだからだ。

女性はジェンダーであり、男性は人間である。世の中にはひとつの性しか存在しない。もうひとつの性はただの例外であり、鏡像であり、補足的なものにすぎない。

＊

経済学は合理的で、貪欲で、利己的な個人を前提としている。これらは伝統的に男性に結びつけられてきた性質だ。だから私たちは、それらを普遍的な人間の性質だと思い込む。男性はジェンダーではないのだから、ジェンダーの偏りがあるわけはない。人は誰でもみんな経済人だ。

しかし同時に、経済学はいつでもケアや配慮や依存を引き受ける誰かを必要としている。それらは経済学のストーリーとして語られることのない、目に見えない役割だ。表立って存在するのは経済人だけなのに、経済はもうひとつのストーリーなしには成り立たない。経済人が経済人であるために、そこから排除されたものたちがなくてはならない。「そんなものはない」と経済人が言うために、ないはずのものを誰かが引き受けなくてはならない。

女性は男性に負けていない。
女性は男性を補完できる。
女性にも男性くらい価値がある。

こういう言い方がされるとき、女性は男性中心の世界にある異物として語られる。男性に似たものであろうと、反対のものであろうと、基準にあるのはいつでも男性だ。男性同様に働くのもそれを補完するのも、男性視点の見方でしかない。

もちろん女性には、男性と同じことをする権利があるべきだ。女性だってセックスを楽しみ、げっぷをし、戦争を仕掛け、重機を操ることはできる。でも女性が男性のようにふるまうのは、男女の平等と同じではない。

「妊娠した男性と妊娠した女性が同じ扱いを受けるのであれば、そこに差別は存在しない[2]」

1974年にアメリカで争われた有名な裁判で、連邦最高裁はそう判決をくだした。妊娠中の人は補償が受けられないとする保険会社の規定に対して、それは性差別ではないかと訴えた裁判だった。裁判所はそれが差別に当たらないと判断した。なぜなら保険会社の規定は「女性」を除外していたのではなく、「妊娠した人」を除外するものだったからだ。「妊娠した人」を男女関係なく除外するのならば、それは性差別ではないというのだ。

女性が経済的・政治的に意味のある分野に参入するためには、自分の身体を向こう側に置いてこなければならない。女性が「男性同等」ならば良いとするのは、条件つきの解放でしかない。

一方で女性が「男性を補完する」から良いというのは、さらに過酷な条件だ。補完とは結局、伝統的な女性の役割への押し込めでしかない。良き妻となって競争社会に欠けているものを補いなさい。男性が避けてきた人生のあらゆる側面を、男性にかわって引き受けなさい。やさしさ、弱さ、身体、感情、自然——謎めいた月の裏側《ダークサイド》。それらは男性のものであってはならないから、女性に押しつけられる。生物学的にそうなのだと決めつけられる。

男性同等になれというのも、男性を補完しろというのも、どちらも男性中心の理屈だ。決めるのはいつも男性の側だ。

女性はつねに蚊帳《かや》の外に置かれている。性はひとつしか存在しないからだ。

＊

映画『プリティ・ウーマン』で、孤独な実業家のリチャード・ギアはジュリア・ロバーツをオペラに連れていくが、オペラの内容そっちのけでジュリア・ロバーツの反応ばかり見ている。ヴェルディの『椿姫』がクライマックスを迎えても、彼は表情を崩さない。ジュリア・ロバーツが泣くのを見るだけだ。彼自身の感情が閉ざされているため、女性を見ることで感情の世界に近づこうとしているのだ。彼女を見ていると、なんだか自分が生きていると感じられる。ああ、彼女が欲しい。

女性を所有し、支配することで、彼は切り捨てていた自分自身の一部を取り戻そうとする。依存、感情、つながり、喜び、服従。もちろん女性はそういう性質の結晶ではなく、生身の人間だ。それは彼にもわかっている。

「花を求め、見つけたのは実。水を求め、見つけたのは海。女を求め、見つけたのは人。――がっかりだと君は思う(3)」詩人エーディト・ショーデルグランはそう綴《つづ》った。

オフィスビルの高層階で週に80時間働き、自分の生活とは何の関係もない重要な意思決定を客観的にこなしていく日々。出勤してコートを脱ぐとき、彼は自分自身も脱ぎ捨てる。そうしないとやっていけないからだ。他人の体は自分の弱さを思わせるから、なるべく距離を置く。でも他人と寝ないわけではない。ベッドのなかは別だ。実をいうと女性の体が欲しくてしかたない。自分が切り捨ててきたあらゆるものを、彼は彼女のなかに探し求める。子どもらしさを、肉体を、セクシュアリティを、なにか言葉にできないものを。でも結局、求めたものは見つからない。そこにいるのはもうひとりの人間だ。見つめ返す瞳の奥の不安は、彼自身がひそかに押し隠してきたものではなかったか。

私たちが男性的と呼ぶ性質は、経済的な行動と密接に結びついている。合理的で、客観的で、ものごとから距離を置く姿勢。欲しいものを明確にして、確実にとってくる行動力。本当は男性だってそんなふうには生きられないけれど、それでも私たちはそういう性質を理想とみなし、男性と同一視する。

人の行動はすべて、突きつめれば、ひとつの思考にたどり着くはずだからだ。ただひとつの性に。

経済人の薄っぺらさを批判するのはたやすい。人の心の深みや複雑さが考慮されていないじゃないか、と私たちは言う。そんな単純で利己的な人はいない。ただの人形だ。そんなおもちゃを使ってどうするんだ。人間の何がわかるっていうんだ。

でもそういう批判は、大事なことを見落としている。経済人は私たちに似ていないかもしれないが、彼には彼なりの感情や深みや不安や夢があるということだ。だから私たちの心をつかむのだ。

経済人はけっして心のない人形ではないし、典型的なサイコパスでもない。もしもそうだったら私たちは経済人に魅力を感じないし、彼のようになりたいとは思わないだろう。私たちが経済人にしがみつき、たとえ非現実的でも手放したくないと思うのは、経済人がそんなに薄っぺらなものではないからだ。

私たちの心をとらえて離さない経済人というファンタジーは、私たちが何者であり、何を恐れているかを彼なりのやり方で教えてくれる。自分では認めたくない一面を、彼の存在が垣間見せてくれる。いかに単純だからといって、経済人が心の深みを反映していないことにはならない(4)。

経済人が孤立して誰とも関わらずに生きているという見方は、事態の一面しか見ていない。そもそも人の性質は、他人との関わりのなかでしか理解できない。それは経済人も例外ではない。

競争が彼の本質であるなら、それはつまり、彼が競争相手である他人にすっかり依存しているということだ。他人がいなければ競争も何もない。一般的に思われているのとは違うやり方で、経済人は他人に依存し、他人と結びついているのだ。それがなければアイデンティティが崩れてしまうほどの密度で。

もしも競争がなかったら、経済人は何者でもなくなってしまう。彼の存在は競争相手に支えられている。経済人はけっして孤立しているわけではなく、人とのつながりが競争に特化された世界で人と共存しているのだ。彼は攻撃的で自己愛的だ。自然と戦い、他人と戦い、自分自身と戦う。戦うことによってしか、彼は前に進めない。危険がなければ動けない。それが彼の世界なのだ。試練と欲望に追われる生き方しかないのだ。

立ち止まるな。走りつづけろ。

＊

結婚の利益を経済学的に計算するには、結婚生活の総生産と、二人が個別に生産する量を足したものとの差を求めればよい。金銭その他の価値をめぐって需要曲線と供給曲線が交差しあい、結婚の価値を決定する。これが愛の理論、自立と服従の損得計算だ。

男性Mと女性Wで考えてみよう。MがWを愛するのは、Wの生産力に価値があるからだと仮定する。おまけにWが感情的・肉体的なふれあいを与えてくれればなお良い。この場合、MにとってWとの結婚は明らかに有益だ。MがWをいい気分にしてやれば、Wの生みだす価値はさらに上がり、それはMの利益として返ってくる。結婚という制度はふれあいのコストを下げてくれるので、結婚しないよりも効率的だ。MはWを愛しているから、Wの幸福はMにも価値のあるものとなり、Mは彼女を幸福にするためにせっせと働く。WにしてみればMを愛していなくても、Mが経済的に貢献してくれるならばメリットがある。お互いに得な取引だ。

経済学から見れば恋愛も結婚も合理的な計算の結果なのであり、そこに愛があるかどうかは関係ない。一見不合理な人間の行動もすべて、数式に当てはめればいいのだ。男性も女性も同じ経済人。客観的に状況を把握し、冷静にメリットとデメリットを計算して、次の一手を決める。コントロール可能な世界。傷つかなくていい世界。

経済人が私たちの心をとらえて離さないのは、怖いものを全部忘れさせてくれるからだ。肉体、感情、依存、不安、傷つきやすさ。経済人の世界にそんなものは存在しない。私たちの体は人的資本となり、依存関係は消え、世界は完璧に予測可能になる。

そこには違いもなく、弱さもない。もう何も怖くない。

経済人は不安から逃避させてくれる。

だから私たちは経済人が好きなのだ。

経済人は人の感情を選好(好み)に変える。そこには微妙な心の揺れなどなく、要求があるだけだ。自分の要求が満たされるか満たされないか、それだけだ。選好は個人のものなので、わざわざ面倒な関係を築く必要はない。

感情は人を動かすものではなく、きちんと整理して有効活用すべきものだ。怒りは交渉の道具になる。ベッドでの演技は合理的なシグナリング行動だ。愛とはつまり誰かがあなたにとって効用を持つということだ。結婚は関係を持つための取引コストを減らして円滑に子どもを育てる手段だ。

そう考えるなら、人は感情というやっかいなものから解放される。経済人の世界にとどまっているかぎり、どうしようもない気持ちに揺さぶられたり、途方にくれたりしなくてすむ。

そして同時に、あなたの身体は消え失せる。経済人の世界では、身体はただの人的資本だからだ。身体はもはやあなたの一部ではなく、あなたの所有物であり、活用して利益を出すべき道具だ。あなたは自分の身体から距離を置き、まるで不動産のように貸したり売ったりする。価値を上げるために変更を加え、投資し、やがて手放す。あなたがオーナーなのだから、どう使おうとあなたの自由だ。

そんなふうに生きている私たちにとって、身体が自分の一部であることを認めるのは、とても気まずい作業だ。身体はあの無力感を思いださせる。誰かの助けがなければ生きられない存在。誰かの身体から産まれ、すべてを周囲に委ねている皺《しわ》くちゃの赤ちゃん。そして病気になれば、また無力な依存に逆戻りだ。身体はそれを思い知らせる。誰もが老いる。誰もが死ぬ。

でも経済人の世界なら、死はただの意思決定になる。事業を続けるべきか、閉鎖すべきか、それが問題だ。苦痛と利益を計算して、どちらが大きいか見ればいい。簡単なことだ。

死は特別なものじゃないし、生きることにも意味はない。人生の目的なんて知ったことか。

人的資本に変えられた身体は、政治的な文脈から切り離される。経済を支えるはずの、根本のものが消え失せる。

もしも身体を直視し、経済の基点とするなら、それは政治的に大きな意味を持つはずだ。振りあげた腕、踏みだす足、床を磨く手、食べる口。それぞれの身体のニーズから出発して築かれた社会は、今の社会とはかなり違ったものになるだろう。飢え、寒さ、病気、医療。それらは面倒な副次的問題ではなく、政治の中心的課題になるだろう。

現在の社会は、身体を拒絶し、どこまでも遠くへ逃げようとしている。でも私たちは誰もが身体だ。無力に生まれ、無力に老い、刃が当たれば切れて血が流れる。それはあなたが誰だろうと、どんな生まれだろうと、どれだけ稼いでいようと、どこに住んでいようと変わらない。私たちの共通の体験は身体から始まる。寒ければ震え、走れば汗をかく。快楽に叫び、出産の痛みに叫ぶ。身体を通じて、私たちは他者とつながることができる。

経済人はそれが気に入らない。抹消し、なかったことにする。自分とは無関係なものとして、外側から眺める。

そして私たちは、ひとりぼっちになる。

*

身体からの逃走を通じて、経済人は依存からも逃避する。そもそも依存と身体は密接に絡みあっている。身体がなければ欠乏はなく、あるのは欲望だけだ。身体がなければ見捨てられることはなく、誰かに助けを求めることもない。身の丈に合わないものはないし、痛みを引き受けることもない。返せない借りをつくることもない。

経済人の世界では、すべての勘定が釣り合っている。貸方と借方はつねに一致する。それが経済人にとって、唯一の自由のあり方だ。誰にも何も負わない自由。

経済人は不安を感じないために、すべてを確実に、予測可能にした。ボールの体積は小さなかけらに切り分ければわかる。人生も同じだ。人口の変化も、それを動かす力も、すべては抽象的な法則に従っている。そして経済人は弱さから逃れた。いまや私たちは宇宙の支配者であり、あらゆるものをコントロールできる。それこそが経済の描く理想だ。市場を思いどおりに動かし、ダメなやつは排除し、価値のある人に媚《こ》びへつらう。

経済人は、すべてを見通す合理的な人間という神話を私たちに刻み込んだ。人は人生の支配者であり、世界の支配者だ。経済学を語るとき、私たちはそうした神話を身にまとい、ほかのすべてを脱ぎ捨てる。性も、過去も、身体も、つながりも。そこには人と人との違いは存在しない。私たちはみんなひとつの性で、みんな同じ標準的な人間だ。だからこそ計量的に分析して正確に予測できるのだ。

経済人は薄っぺらい人形ではないし、落書きでもない。単純だと思ったら大まちがいだ。経済人は彼が駆逐しようとしてきた現実の、ひとつの症状なのである。身体や感情や依存や弱さを、社会はずっと女性のものにしてきた。存在しないはずのものだと言ってきた。なぜなら、自分では扱いきれないからだ。

経済人は逃走し、ひそかに苦悩する。その恐れの深淵《しんえん》は、私たちにも見覚えのあるものだ。だから私たちは経済人に共感し、魅せられる。

経済理論はそんな私たちの隠れ家だ。私たちはそこで、社会の語る物語に耳を傾ける。心地よい物語。安心できる物語。

ただひとつの性、ただひとつの選択、ただひとつの世界。

第15章 / Chapter Fifteen / 経済の神話にどうして女性が出てこないのか

詩人ミュリエル・ルーカイザーは、ギリシャ悲劇のオイディプス王をアレンジした詩を書いている(1)。

オイディプスは、父を殺し母と交わるだろうという予言を受け、生まれてすぐに故郷から追放された。スフィンクスの謎を解き、何も知らぬまま隣国テーバイの王となり、そして予言どおりに父を殺して母と交わってしまう。真実を知ったオイディプスは自らの目を潰し、盲目となって荒野をさまよう。

さて、それから長い時が経ち、オイディプスは偶然スフィンクスに再会した。若き日に謎をかけてきた、あのスフィンクスだ。

「あなたの答えはまちがっていたんです」とスフィンクスは言った。「だからあんなことになってしまったのよ」

「何を言ってるんだ？」オイディプスは困惑した。「正しく答えたじゃないか。私があの謎を初めて解き明かしたのだ。そうじゃないと、話が進まなかったはずだろう？」

「いいえ」スフィンクスは言った。「朝は4本足、昼は2本足、夜は3本足で歩くものは何かと問うたとき、あなたはMan（人）と答えました。人生のはじまりには4本足で這い、成長すると2本足で歩き、やがて杖をついて3本足になる。たしかにね。でもあなたは、Woman（女性）のことを忘れていた」

「いや、Manといえば女も含まれるだろう。そんなの当たり前じゃないか」

オイディプスが抗議すると、スフィンクスは言った。

「勝手に決めないでもらえます？」

西洋文化は二元論で満ちている。身体と精神、感情と理性、自然と文明、主観と客観、特殊と普遍。これらはそのまま、女性と男性の二元論に当てはめられる。身体は女性、精神は男性。感情は女性、理性は男性。

男性が拒否する依存や弱さが、そのまま女性の性質とされる。

経済人のなかに、男性的とされる性質がすべて詰め込まれたのはなぜなのか。偶然だ、と経済学者は言う。たまたま経済人がそういう人だっただけだし、お望みなら女性をこのモデルに当てはめても全然かまわない。あらゆる人は結局のところ、この合理的な人間のモデルに抽象化できるのだから。性別や人種や文化や年齢や社会的地位に関係なく、みんな経済人なのだから。

これが平等でなくて何だというんだ？

でも実をいうと、経済人は女性を締めだすための都合のいい道具である。私たちの社会は古くから女性に特定の活動を押しつけ、女だからそれをやれと命じてきた。そのうえで男性中心の経済理論を設計し、女性の活動に経済的価値を認めないことにした。男性の経済活動を支えるために、女性はケアや共感や献身や配慮を引き受けなくてはならない。だが世の中で価値があるのは、経済だけだ。

経済理論は社会を支配するロジックとなり、女性の役割は経済の役に立たないものとして、しかし経済のためになくてはならない土台として、そこに固定された。

こうしてできあがった経済の言葉は、全体像を語ることを不可能にする。

私たちに語れるのは、経済人のことだけだ。アダム・スミスの母親について語りたければ、彼女を経済人に仕立てあげなくてはならない。芸術について語りたければ、絵画や彫刻を――そしてそれを見つめる私たちの心の動きを――市場で取引される商品に変えなくてはならない。人と人とのつながりを語りたければ、彼らを競争関係のなかに置かなくてはならない。

そこにうまく当てはまらないとしたら、それはもう社会の問題ではない。

*

経済人のもっとも顕著な特徴は「女性ではない」ということだ。

経済人の世界には男性しかいない。女性は彼のようになるか、その反対になるか、どちらかだ。論理と理性と利益追求を自分のものとするか、その反対の補完的な立場をとるか。いずれにせよ、それは彼女自身の責任だ。あらゆる行動は自由な意思決定の結果なのだから。

だが注目するべきは、経済理論が女性について何を言うかではなく、その理論が女性について何を見逃しているかだ。

通常の経済学は、経済とジェンダーとは無関係だと考えている。抽象的な数字として表現されたとき、たしかに経済のモデルはジェンダーニュートラルに見える。ただしそれは、現在の社会のしくみのなかで、みんなが平等に生産や消費に関与できることを意味しない。

たとえば女性は男性よりも、教育やテクノロジーにアクセスできる機会が少ない。きれいな水を手に入れるのが難しい。医療へのアクセスが少ない。信用が少ない。金融市場に参加する機会が少ない。お金を借りるのが難しい。起業するのが難しい。労働条件が悪い。賃金が低い。非正規雇用になりやすい。権利や法律に関する情報が得にくい。

世界の女性の20%は貧困ライン以下で暮らしている。一方、グローバル経済の頂点で政治的・経済的な影響力を強める超エリート層には、女性がほとんどいない。そんな世界で、ジェンダーが関係ないわけがない。

女性が無償労働の大半を引き受け、男性よりも低賃金・低待遇の労働に甘んじる世界で、ジェンダーが問題でないわけがない。

女性が社会規範や文化によってさまざまな制約を受ける社会で、ジェンダーが問題でないわけがない。経済学者は社会規範や文化など関係ないと言うかもしれないが、経済はけっしてそれらと離れたところにあるわけではない。

つまりこういうことだ。

男性と女性が経済のしくみのなかで異なるポジションにいるとき、経済政策は男性と女性に異なる効果を及ぼす。経済理論はそれに対処するどころか、測定すらできていない。まったく現状が見えていないのだ。

男性優位社会の問題のひとつは、経済の測定が偏ったものになることだ。放っておいても市場が全部なんとかしてくれると思うなら、数字は必要ないかもしれない。経済理論がただのアートで、数学はかっこいい飾りだと思うなら、統計情報など意味がない。でも経済を通じてよりよい社会をつくりたいなら、経済の現状をしっかりと把握することが不可欠だ。そして経済の現状を知るためには、人口の半分が労働時間の半分を何に費やしているかを無視するわけにはいかない。

女性の無償労働を無視したままでは、見えない労働がどのように貧困とジェンダー格差に結びついているかを理解することはできない。

利益や欲や恐ればかり見ていても、経済の本当の姿は把握できないのだ。

経済理論は世界を理解する方法を提示し、国の問題を明らかにし、政策決定の材料を提供し、世界の発展を予測し、問題を解決する処方箋を与えてくれることになっている。それが可能なのは、経済理論が人間の行動を正しく理解しているときだけだ。

人類の問題を解決しようと思うなら、ただひとつの性しか存在しないファンタジーの世界を見つめているわけにはいかない。

経済学者は、経済をうまく回すために必要な知識を人々に提供する仕事だ。ところが彼らの知識は、どうも科学的とは言いがたい。ロバート・H・ネルソンは著書『宗教としての経済学（*Economics as Religion*）』のなかで、経済学者はアインシュタインやニュートンよりも神学者のトマス・アクィナスやマルティン・ルターに近いと述べる。経済学者は現代の聖職者である、とネルソンは（彼自身も経済学者だが）豪語する。経済学者の仕事は、経済発展こそが救済への道であると民衆に説くことなのだ。

経済学はそもそものはじめから、宗教的な響きを持っていた。(2) この世の悪や苦痛や死について語り、その原因を物質的な欠乏に求めた。我々が盗むのは、空腹のせいである。苦しむのは、お金がないからである。そして多くの場合、死ぬのは生き延びるためのリソースがないからである。

経済学は世界をそうした苦境から救うため、正しい定式化・正しい生き方・正しい社会のあり方を世に広めようとしている。経済学の教えにもとづいて生活すれば、あなたがたは救われるであろう、と彼らは言う。でも現代の私たちから見れば、物事がそんなに単純でないことは明らかだ。

たとえ水と食べ物があっても、人は寂しさから死ぬことがある。

たとえ栄養が与えられても、人の手で世話をしてもらえなかった赤ちゃんは生きられない。

お金持ちであっても盗みを働くことはあるし、巨額の詐欺事件も起こす。社会の幸福度はある程度までお金と比例するが、その先はお金が増えても幸福にならない。

しかしネルソンにとって、そういう現実との食いちがいは問題にならないらしい。経済人は神話かもしれないが、役に立つ神話だからだ。神話を信じていれば正しい方向に進めるからだ。

経済学が科学であると信じること自体が、経済学的に大事なのだとネルソンは言う。正確さはどうあれ、経済モデルの描く人や市場は私たちに適切な価値観を与えてくれる。その価値観に従って社会をつくっていけば、経済がうまく発展するはずだ。

ネルソンは自身が政治顧問を務めていた時期を振り返り、まさにそうした価値観を布教することが自分の任務だったと語る。政策決定にたずさわる人と話をして、経済学の価値観に合致する意思決定をするよう導いていく。経済学の価値観こそが最善の価値観だからだ。彼は今でもそう信じている。

彼のような経済学者にとって、教えが現実的かどうかは些末な問題だ。宗教を見よ。神は存在しないかもしれないが、それでも宗教は世界に善をもたらしている。同様に、経済理論は世界と人間を正しく描けていないかもしれないが、それでも社会をよくすることに貢献している。ここ200年の経済発展が可能だったのは、たとえまちがっていたにせよ、その経済理論のおかげじゃないのか？

そもそも、真実でなければ信じないという西洋社会の考え方自体を疑うべきではないか、とネルソンは言う。ある宗教に信じる価値があるのは、その宗教が現実を正しく描写しているからではない。それが世界をどこに導こうとしているかが問題なのだと。

経済学は現代の西洋社会を統《す》べる宗教となった。そして私たちが経済学の力を信じるかぎりは、経済学の謎めいた教えを解釈して人々に伝える聖職者の役割がつねに必要とされる。

仮に経済学者が現実の経済の動きをうまく把握できていないとしても、彼らの描く世界はひとつのアートとしてよくできている。そのうえ経済学は、私たちに大事な問題を考えるための言葉を与えてくれる。それだけでもすぐれた達成ではないか、とネルソンは言う。

たしかに一理あるかもしれない。宗教的な権威を使うにせよ、高度な数学を使うにせよ、経済学はつねに特定の価値観を提示してきた。そこに事実と道徳規範と教養を混ぜ込んで、経済理論という立派な世界観をつくりあげた。インフレ率や失業率といった経済学の概念が、社会の役に立つことは事実だ。

ただし、経済学はそこで止まらなかった。さらに先を求め、どこかで道を踏み外してしまった。

経済学の教会は存在しない。正式な聖職者はいないし、誰もが認める正典があるわけでもないし、経済学の定義だってあいまいだ。でも市場原理が人間を動かすという教義は私たちの暮らしにすっかり定着し、文化への影響力をますます強めている。生活のあらゆる場面で、あらゆるタイミングで私たちはその教義に直面させられる。

経済人について考えることは、私たち一人ひとりの生き方を問うことだ。

単に数理モデルを手直しして金融危機を防ぐというレベルの話ではない。修理して、また走りだして、でもいったいどこへ向かうのか?

市場のロジックはたとえば、どんな口紅をどんなターゲット層に向けてどれくらいの価格で売るかを決定するのに便利だ。でもアメリカの批評家H・L・メンケンに言わせれば、薔薇《ばら》がキャベツよりいい匂いだからといって、どちらがおいしいスープになるかはわからない(3)。つまり、経済のなかのひとつの目的に役立つからといって、それが暮らしのあらゆる領域に当てはまるとはかぎらないのだ。悲しいことに、市場のロジックを世の中のあらゆる事象に当てはめるのが、近年の経済学者の任務になっているようだが。

経済理論とは結局のところ、現代の世界観を体系立てて記述した物語にほかならない。謎だらけの人生にひとつの答えを与えてくれる物語。私たちは誰なのか、なぜここにいるのか、何をすべきなのか。

その物語の中心にいるのが、経済人だ。

そして経済人は、けっして女性ではない。

第16章 / Chapter Sixteen /

私たちはどうすれば苦しみから解放されるのか

世界最大の屋内スキー場は、ドバイにある。

夏の気温は40度ほどになり、亜熱帯の厳しい太陽が照りつける。冬でも気温は20度前後で、もちろん雪が降るような気候ではない。

スキー場は午前中から夜中まで開いていて、年中無休。2万2500平方メートルの広大な敷地に6千トンの雪が運び込まれ、難易度別の5種類のコースを形づくっている。いちばん長いスロープは400メートルにわたり、高低差は60メートル。屋内スキー場としてはもっとも難度の高い上級者向けスロープが楽しめる。

外の気温とスキー場の室温の差は平均で32度もある。冷やすためにどれほど膨大なエネルギーが使われているのだろう。それでも、どんなに無理があっても、経済的にはここにスキー場をつくるのが合理的なのだ。いや、誰も疑問にすら思わないのだ。砂漠の真ん中にスキー場が欲しいって？　もちろん、需要があるならつくればいいじゃないか。問題は採算がとれるかどうか、それだけだ。

経済が公正かどうか？　生活の質を上げるかどうか？　人材を無駄に使っていないか？　安全に配慮されているか？　地球の資源を浪費していないか？　働きがいのある雇用を生んでいるか？　——そんなのは、経済学の教義に反する問いだ。

経済学に疑問を持つのは、自分の人間性に疑問を持つのと同じことだ。自分を否定するのと同じことだ。だから黙っておけばいい。

現代の経済学は、解決策のかわりに欲望を提供する。裕福な国は肥満になり、貧しい国では人が飢える。金持ちはまるで悪夢をさまよう神々のようにあてもなく動きまわり、砂漠の国へスキーに出かける。それは何も大金持ちだけの特権ではない。

かつて飢えていた人たちがポテトチップスとコカ・コーラを手に入れ、社会の底辺にいながらトランス脂肪酸と白砂糖におぼれている。あのマハトマ・ガンディーでさえ、西洋文明をどう思うかと尋ねられると、あれはいいものだと答えている。金融マンが巨額のボーナスをもらい、新興財閥が巨万の富を持つのは自然な現象だ。誰かが先頭で率いてくれなければ、みんなが貧しくなるじゃないか。

金融危機でアイスランドの銀行は1000億ドルの損失を出した。[1] GDPが130億ドル程度だったことを考えると、とんでもない額だ。長年インフレが続き、通貨は弱く、漁業と地熱のほかにこれといった資源のない小さな島国。アイスランドの経済規模は小国ルクセンブルクの3分の1ほどしかない。まあ金融の世界に仲間入りできただけでもありがたく思いなさい、と人は言う。ブスな女の子がパーティーに呼ばれたら感謝すべきじゃないかね。とにかく楽しんで、食えるだけ食って、終わったら文句を言わずに退場することさ。

経済学者はいつでも同じトリックで人をごまかす。都合のいい場所を見つけては完全な社会的排除と果てしない大量消費の夢の国をつくり、貧困や環境破壊は人目につかない場所へ廃棄する。恵まれた人間だけが暮らすパラレルワールド。株式市場は上がり、また下がる。国々が通貨を切り下げ、為替市場がざわつく。市場の動きはひとつ残らずモニタリングされている。ぼろぼろの身なりの人はいつだって存在するけれど、選好を調整すれば見なくてすむ。未来など知らない。目の前の欲望を見るので精いっぱいだ。歴史は終わり、個人の自由がやってきたのだ。

これのほかに、道はない。

*

経済人の性格はあらゆる面で「男性的」と呼ばれてきたものに一致する。そのあらゆる性質は「女性的」と呼ばれるものに勝り、優位に立つべきだとされている。

女性は身体であり、地面であり、受けとるものだ。女性は依存し、男性は自立する。女性の大地を男性は支配し、種を植えつけ、栄養を与え、そして収穫する。男性が女性に意味を吹き込み、手順に従って動作させる。

ホメロスの叙事詩『オデュッセイア』で、英雄オデュッセウスは自然を克服する。セイレーンの甘い歌声を振りきり、妻の待つ故郷に帰ってふたたび家父長的支配を確立する。この物語には西洋人の自己意識のひな形があるといっていいだろう。男と女は対立するものであり、女は制圧されるべきものだ。でもすべての文化がそう考えるわけではない。

老子の『道徳経』には、陰と陽が互いに互いを生むという古代中国の世界観が描かれている。[2] 女性的なものと男性的なものが輪を描いて互いを追いかけるその構図には、ヒエラルキーもなければ対立もない。老子のいう陰と陽は相反するものではなく、二元論を乗り越え、その先に続く道だ。陰のエネルギーは女性的とされるが、女性だけのものではなく、誰にでも開かれている。すべては変化と創造のさなかにあり、何もひとところに固定されてはいない。

しかし、こうしたジェンダー観は世界の主流にはならなかった。


女性的とされるものは、つねに男性的なものの下にある。自然は文明の支配下にあり、身体は精神の支配下にある。依存する人は自立した人の庇護のもとにある。能動が受動を制する。男性が生産し、女性は消費する。だから男性が世の中のことを決めるのは当然だ。自明の理である。

経済理論はこうした世界観に貫かれている。経済人は男性的な力を使って支配する。企業の利益は何よりも力強く世の中に君臨し、ビジネスと社会の方向性を決定する。公正、平等、ケア、環境、信頼、心身の健康といった価値は、利益にくらべれば何の力もない。だからほかのやり方などありえないのだ。本当はこんなのおかしいとわかっていても、どうすることもできないのだ。

公正、平等、ケア、環境、信頼、心身の健康——それらは経済に寄与する価値ではなく、経済のお荷物にされてしまった。

人々の暮らしをよくするために経済を発展させようというのはわかる。だが、社会全体を利益と競争に従属させるのは話が別だ。

地球の資源はかぎられている、と私たちは言う。自然は怠惰でケチだから、人は少ない資源をめぐって争わなくてはならない。その競争のなかから経済を動かすエネルギーが生まれる。その競争のおかげで食卓には夕食が並び、ワッフルから試験管ベビーまであらゆるものの価格が決定される。

経済学のもっとも有名な定義はライオネル・ロビンズが1932年の著書で述べたものだ。それによると、経済学とは「さまざまな目的と、複数の用途に使える希少な手段とのあいだの関係として、人間行動を研究する科学」である。[3] ケチで冷たい自然と、欲望に満ちた人間との戦い。男性的な理性が女性的な自然を制圧する構図がここにもある。男性は女性を欲望しながら恐れる。

もしも経済学の定義が違っていたらどうだろう、とフェミニスト経済学者のジュリー・ネルソンは問いかける。[4] たとえば経済学が「自然の恵みを利用して人々が必要を満たし、人生の喜びを享受するやり方を研究する科学」だったとしたらどうだろう。そこでは自然はケチな敵ではなく、与えてくれるものである。しなやかで寛大で友好的なものである。人と自然は、力尽《ず》くで奪いあう関係ではなく、同じ世界の仲間として共存できる。

経済人をいくら批判したところで、その本質を理解しないかぎり、私たちはけっして自由になれない。経済人が「女性的」なものへの恐怖にもとづく、ジェンダー化された世界観であることを理解しないかぎりは。

数千年のあいだ女性を抑圧してきた社会のなかで、私たちは経済人の世界観にすっかり染まっている。弱みを恐れ、自然を恐れ、感情を恐れる。依存を恐れ、循環を恐れ、理解できないものすべてを恐れる。

これが私たちの社会の物語だ。人間のなかの都合の悪い部分から全力で逃げてきたあり方だ。

このまま逃げつづけるなら、私たちはけっして経済人を手放せない。空気なしでは生きられないように、経済人なしでは生きられなくなる。

*

経済と人問をどう理解するかは、そのまま自分自身をどう見るかにつながっている。

経済の事象が起こるところには、まず人の活動がある。お店に行くこと、下着を買うこと、橋の建設を企画すること、木を植えること、お隣の生活をのぞき見すること、自分もあんな車が欲しいと思うこと。でも経済学者はそういう活動を抽象化して、統計的なレベルに落とし込む。市場価格、GDP、消費支出、そういった数字の羅列。

これらの数字はミクロなレベルでの個人の動きを反映しているのだから、統計的に人の行動を理解できるはずだ、と経済学者は言う。その人は誰で、なぜその行動をとるのか。それがどういうふうに集まって、あの政治家がプレゼンしているGDPのカーブを形づくるのか。

しかし経済学が想定する人間像は、多かれ少なかれ単純化されたものだ。経済を理解するのに人間のすべてを理解する必要はないかもしれない。けれど、人間とは何かという問いから全力で逃げつづけるだけでは、けっして経済を理解することはできない。

そして経済人とは、逃げるための乗り物である。人の身体や感情や依存や複雑さから全力で逃げだすための道具である。つながりと責任を逃れるために、人の弱さから目をそらすために、私たちがつくりだした方便だ。

依存するのは、恥ずかしいことだとされてきた。そんなのは奴隷と女性のやることだと言われてきた。労働者階級が選挙権を求めて戦ったとき、彼らは誰にも従属しない独立した人間であることを主張した。それまで、独立とは所有をめぐる概念だった。独立した人間は所有する側の人間だった。誰かの下で働くのは依存した人間のやることだった。労働者階級の運動はそれを変えた。労働者は奴隷ではなく、誇り高いひとりの人間になった。所有する側である必要はない。仕事をして家族を養っているという事実こそが、独立した人間の証《あかし》なのだ。労働者は立派に義務を果たしている。だから権利を主張できる。ただし、この考え方は女性を置き去りにしていた。女性は養われる者であり、依存する者だからだ。

労働者階級の男性たちがフルタイムで働いて独立するためには、女性に家の世話をすべてやってもらう必要があった。でも歴史はその部分については語らない。ちょうどアダム・スミスが母親について語らないのと同じように。

何を依存と呼び、誰が誰に寄生していると見るのか。これはいつでも政治的な問題だ。アダム・スミスが母親を養っていたのか、それとも母親がアダム・スミスの面倒を見ていたのか？

本当のことをいえば、私たちはみんな誰かに依存している。生産する人と消費する人をはっきり切り分けることはできない。人はお互いに対して責任を負っている。どんなに否定したくても、自分が全体のなかで生かされている事実から逃れることはできない。

私たちには、それを語る言葉が必要だ。

今の主流派の経済学は、人の本当の経験を語れない。そこにいるのは「女性でない」ことによって定義される架空のキャラクターだ。

経済学者は人類の難題を解決するために全力で働いているように見えるかもしれないが、彼らが実際やっているのは、こうだったらいいなという理想の男性像をうっとりと見つめることだけだ。

自分たちの本当の姿を知らずに、世界を統治しようとしているのだ。

どんなものも最小の単位に切り分けて、まわりから切り離してみれば、その性質を理解できると彼らは言う。でもそういう考え方は、本当に大事なことを見えにくくする。

経済理論は、私たちの日々の選択が社会や環境全体にとってどう影響するのかを教えてくれない。次の世代にどのような未来を残すのかも教えてくれない。私たちの行動を、何もない空間で突発的に起こる現象と捉えていたら、そういう広い視点は得られない。

経済学者が本当にやるべきなのは、人の経験全体を視野に入れた社会をつくるための方法やツールを提供することではないだろうか。全体のなかの一部として、他者と共にあること。そういうふうにしか、人のあり方は理解できない。そうして見たときに初めて、自分を理解し、他者を理解し、あるいは数式だって理解できるのではないか。

欲望をもっとよく理解すれば、今までのようなやり方で欲望を満たすのが不可能であることに気づくはずだ。長時間労働、たえまないストレス、かぎりない消費。世界は選択に満ちているのに、これ以外の道が見えない。貸し、借り、恐れ、欲。走りつづけるその道は、ひょっとして出口のない堂々めぐりじゃないのか。速く、もっと速く。ひとりきりで、すべてを振りきって。道の終わりはそもそものはじまりだった場所だ。もがけ、苦しめ、もっと欲しいと叫べ。まわりは敵だらけだ。隙を見せるな。だからみんなに合わせるんだ。だからベッドから起き上がるんだ。だからお金を払ってレシートを保管するんだ。期待は苦痛を連れてくる。認められたきゃ手を汚せ。利己的な蜂がいなくちゃハチミツは手に入らない。市場は人間の本性だ。

そしてあらゆる社会が、どうでもいい作り話のために苦しみつづける。

＊

経済学は、恐れや欲を食いものにするのではなく、それを克服するためにあるべきだ。

経済学は、未来のビジョンをもとに最適な経済システムを考える学問であるべきだ。

人の不安をお金に変えるのはもうやめて、人と社会がより豊かになれるやり方を考えよう。

抽象的な架空の条件ばかり分析していないで、目の前の大事な問いに向き合おう。

人を合理性の鎖につながれた部品として扱うのではなく、心のある存在として扱おう。

真空をただよう不変のプログラムではなく、社会とふれあいながら生きるものとして人を扱おう。

人間関係を競争と利害と売買と勝ち負けだけで見るのではなく、人が人であるための基盤として人間関係を捉え直そう。

状況も他人も無視して利益のために突き進むものではなく、人との関わりのなかで柔軟に行動するものとして人を理解しよう。

自分の利益と他人の利益を対立させるのはもうやめよう。私たちをとりまく世界は、自分と敵対して立っているわけではないのだから。

詩人ウェイ・ウ・ウェイは歌う(5)。

あなたはなぜ不幸なのか?
なぜならあなたが思うことの
そしてあなたがすることの

99・9%はひたすら
自分のためだから――
そんなものはどこにもないのに

もう弱さから逃げるのをやめて、弱さを受け入れよう。私たちの共通点はいつも身体から始まる。

感情を理性の対極に置くのではなく、それらが絡みあう心を理解しよう。

みんなを同じ思考の型にはめこむのをやめて、違いを認めよう。

私たちは、競争ではない人間関係を築くことができる。私たちは自然と共存できる。全体は部分を合わせたよりも大きいし、世界は精巧な機械よりももっと豊かだ。それを認めれば、私たちは経済人から自由になれるだろう。旅の目的は違ったものになるだろう。

世界を所有するかわりに、世界に居場所を見つけることができるだろう。

そこには大きな違いがある。所有するとは、自分のものにすること。命のないものを両手で包み込み、「僕のものだ」と宣言することだ。

でも居場所はそうではない。

居場所はもともと、自分だけのものではないからだ。
だから靴を脱いで、腰を下ろそう。ゆっくりしていけばいい。

エピローグ

経済人にさよならを言おう

彼女の名前は、マーガレット・ダグラスという。

アダム・スミスの母親だ。

生真面目な顔つきをした高齢の女性。黒い服に身を包み、部屋の隅の赤い肘掛け椅子に座り、いま閉じたばかりの本の上に右手をのせている。1778年、彼女が84歳のときの肖像画だ。画家コンラッド・メッツの手によるもので、息子の仕事に合わせてエディンバラへと引っ越すその年に描かれた。現在この肖像画は、アダム・スミスの生地ファイフにあるカーコーディ美術館に飾られている。

マーガレット・ダグラスは1694年9月、スコットランドの由緒ある名家に生まれ、カーコーディから15キロほど北にあるストラセンリ城で育った。父のロバート・ダグラスはスコットランド議会の議員を務めていた。マーガレットは26歳のときにアダム・スミスの父親（アダムと同名）と結婚した。15歳差の結婚だった。

結婚生活は2年ほどで終わりを告げた。

1723年1月にアダム・スミスの父親が亡くなり、その半年後に息子アダム・スミスが生まれた。マーガレットは再婚しなかった。

マーガレット・ダグラスは28歳で未亡人となり、息子のアダム・スミスが父親の遺産を受けとった。マーガレットが要求できるのは3分の1だけだった。このときから彼女は、経済的に息子に依存することになった。

そして息子のほうも、母親が死ぬまで依存しつづけた。

「母親ははじめから終わりまで、スミスの人生の中心であった」アダム・スミスの伝記作家ジョン・レイはそう述べる。

アダム・スミスの家を切り盛りし、アダムの行くところならどこへでもついていったのはマーガレット・ダグラスだった。また長いあいだ、アダムのいとこにあたるジャネット・ダグラスがそれを手伝っていた。ジャネットについてはマーガレット以上に記録が少ない。ひとつ確かなのは、ジャネットがアダムにとって大事な人だったということだ。1788年、ジャネットが死の床にふせっていたとき、アダム・スミスは友人への手紙にこう書いた。

「彼女が逝ってしまえば、僕はスコットランドでもっとも侘《わ》びしく無力な男として取り残されるでしょう」

だがアダム・スミスの経済理論に、そんな内省のなごりはない。フェミニスト経済学者エディス・カイパーが指摘するとおり、アダム・スミスの思想における女性の欠如は、同時代の思想家とくらべても顕著だった。

その理由をあれこれ探ろうとは思わないし、アダム・スミスをことさらに非難したいわけでもない。

ヴァージニア・ウルフも料理をしなかった。

カール・マルクスは家政婦を雇ってその人とセックスまでしていた。

いや、問題はそういうことではない。

私が言いたいのは、母親を視界から消した結果、アダム・スミスの思想から何か大事なものが抜け落ちてしまったのではないかということだ。

よくあることかもしれない。

でも経済学が世界に対する影響力をますます強めるなかで、この根本的な過ちは数々の深刻な結果をもたらしている。

2008年の金融危機は私たちの経済観をくつがえすかに思われたが、結局ほとんど何も変わらなかった。銀行は潰れても、経済の神話は残った。それはなぜなのか。私たちは経済人の影響力を十分に自覚していないのではないか。それが本書の議論だ。

フェミニズムなしに経済人に立ち向かうことはできないし、経済人に立ち向かうことなしに今の社会を変えることはできない。

欠けていたパズルのピースは、マーガレット・ダグラスにある。

ただし、ピースが見つかったからといって、答えが明らかになるとはかぎらない。無料の昼食《フリーランチ》などというものはない、と経済学者はもっともらしく言う。そこにもうひとつ付け加えておきたい。無料のケアなどというものも存在しない。社会がみんなで育児の負担を担わないなら、誰かがその負担を引き受けなくてはならない。その誰かは、たいてい女性だ。

現代のマーガレット・ダグラスは、仕事を減らして孫の世話をする女性にあたるだろう。孫を愛しているし、自分がやらなければ誰も面倒を見られない。娘もその夫も仕事で忙しい。共働きでも家計はぎりぎりなのに、どちらかが仕事をやめるなんて不可能だ。

育児のために仕事を休み、そのせいで経済力を失うのはたいてい女性だ。キャリアが中断されることで将来の賃金が下がり、年金の支給額も下がる。

私たちの社会は、そうした女性の貢献に報いるような社会保障や税制や年金制度を持ち合わせていない。無視しているといっていいだろう。

女性がケアに従事するのは自由な選択であり、自由な選択なのだから自己責任で結果を引き受けるべきだ、と私たちの社会は言う。北欧の福祉国家も新自由主義経済も例外なく、女性が低賃金で特定の職種に従事することを前提に成り立っている。女性の就ける職業がわずかしかなかった時代のなごりだ。かつて女性が働こうと思ったら、看護師か教師になるのが定番だった。そのため看護や教育の領域では、高学歴で才能とやる気にあふれる女性たちをコストをかけずに雇うことができていた。

もしもフローレンス・ナイチンゲールが現代に生きていたら、看護師になっただろうか？

おそらく、答えはノーだ。

きっと彼女は医師になっていただろう。あるいは研究者、医療経済学者、統計学者の道を選んでいただろう。それはすばらしいことだと思う。

でも、誰が看護の仕事を引き受けるのか？

数千人の看護師が毎年イギリスを去っている。もっと賃金が高く、労働条件のいい国で働くためだ。

女性が特定の職種につくことが当たり前でなくなれば、その職種に人を確保するのが難しくなる。その職種というのはケアに関わるものが大半だ。病人や子どもやお年寄りの世話をする仕事だ。

ケアワーカーや教師の人手不足を論じるときに、この側面を無視できるだろうか?

現代のマーガレット・ダグラスは、子どもと自分の親、またはパートナーの親の面倒を一手に引き受けていることも多い。英国で失業中の女性のうち、17%は誰かのケアをするために前職を辞めている。

男性の場合、その割合はたった1%だ(1)。

多くの国で、専業主婦は社会の上層と下層に特有の現象となってきている。

お金持ちは夫の稼ぎだけで暮らせるので働かない。貧しい人は保育園やベビーシッターに払うお金がないので働けない。英国社会はその典型だ。貧しくて働く余裕もない母親は生活保護に頼るしかないが、生活保護を受けていることで蔑《さげす》まれ、後ろめたさを感じている。

最低賃金の労働が保育の費用にまったく届かないとき、貧しい家庭は解決不可能な方程式を突きつけられる。

保守派の政治家は生活保護を槍玉《やりだま》に挙げるが、子育て支援のために税金を使う気はないようだ。一方の左派も、生活保護頼みの生活については言葉を濁さざるをえない。北欧の福祉国家でさえ、急速に変化する社会の現実に対応できていないのが現状だ。子どもたちの未来が何より大事だと言いながら、そのための投資に手が回っていない。

欧州の女性は平均で2・36人の子どもが欲しいと考えているが、実際の出生率は1・7人だ。

なぜその数字に差があるのだろうか。なぜ自分が欲しい数の子どもを持てないのだろうか。

父親が働き母親が家にいるという伝統的な家族モデルでは、出生率の上昇は見込めない。それどころか、逆に出生率を下げることがさまざまな研究で指摘されている。1990年代半ば以降、欧州のなかで少子化の激しい国は、労働人口における女性の割合が低い国と重なっている。

子どもを育てながら無理なく働ける選択肢を社会が支援しないかぎり、少子化は解決しない。キャリアか出産か、の二者択一を突きつけられれば、多くの人はキャリアを選ぶ。(2)

そして少子化の進んだ国々——ドイツ、イタリア、日本など——は、例外なく深刻な経済問題に直面している。

出生率1・5程度という数字は欧州では一般的だが、これはつまり、人口が減少することを意味する。より少ない人口で、より多くの人を支えなくてはならないわけだ。高齢者の割合が増えれば、若い世代に負担がのしかかる。この問題の解決は容易ではない。社会保障を減らすのか、税金を上げるのか。他の国から若い移民を受け入れるのか、高齢者のリタイアを先延ばしにしてもらうのか。

仕事と家庭の両立は、すべてを手に入れようとするエリート女性だけの問題ではない。あらゆる人に関わる問題だ。社会全体がこの先どうなるのかを左右する問題だ。

一方で、子育てとキャリアの両立という話が、キャリア女性についてばかり語られてきたのも事実である。

男性にも同じ問題があるはずなのに、男性については語られない。キャリアを持たない女性について語られることは、もっと少ない。日々の食費を稼ぐので精いっぱいの女性たちは、その話題からこぼれ落ちている。

2014年3月、アリゾナ州に住む女性シェンシャ・テイラーが逮捕された。子どもを暑い車内に45分間放置したためだ。幸い2歳と6歳の子どもたちは無事だったが、シングルマザーのテイラーは子どもたちの命を危険にさらしたとして警察に連行された。

このニュースは全米を駆けめぐった。事件そのものよりも、テイラーが車内に子どもを放置した理由のほうが話題になった。

仕事を得るための面接に行っていたのだ。

テイラーはその頃、仕事も住む家もない状況だった。その日は面接のためになんとか工面してベビーシッターを手配していた。苦境から抜けだして子どもたちを養うために、どうしても手に入れたい仕事だった。

ところが面接当日になって、ベビーシッターからキャンセルの連絡があった。どうすることもできず、彼女は子どもたちを車内に置いて面接に行った。

これが大多数の女性にとってのワークライフバランスだ。

彼女たちにとって仕事とは、何の保障もない非正規の労働のことだ。不規則なシフトをやりくりし、上司に電話して今日働かせてもらえないかと尋ねなければならない労働のことだ。

2008年の金融危機に向かう時期、多くの国の雇用は砂時計型に変化しはじめた。金融機関の高層ビルがトップにあり、エリート向けの雇用を生みだす。底辺では条件が悪く不安定なサービス業の雇用が数を増やしている。後者はまさに、女性がこれまで無償で引き受けてきた労働に重なるものだ。家事や育児などの仕事が労働市場に移されたわけだが、それらは低賃金の不規則な仕事を増やすだけだった。これが移民の増加と同じタイミングで起こったのは偶然ではない。どうしようもない矛盾を抱えた社会が、それでも何とか持ちこたえられたのは、地球規模で働き手が移動したおかげだった。

なぜ経済格差がこんなに広がっているのかを知りたいなら、フェミニストの視点から経済を見ることを学ばなくてはならない。アダム・スミスの夕食を誰がつくったのか、どうしてそれが大事なのかを理解しなくてはならない。

2008年を境に、経済をめぐる議論はたしかに変化した。今は経済についての新たな見方を広げていく段階だ。切り口や方法論は違っても、本書で紹介したような考え方を多くの人が表明しつつある。

私は本書で、自分なりの見解を提示した。経済人が人間らしさから逃避する道具であること、そしてその信仰が徐々に説得力を失い、新たな世界観が求められていることを論じてきた。

経済への影響力こそ、フェミニズムの秘密兵器である。経済格差から人口問題、環境問題、高齢化社会における介護労働者の不足まで、あらゆる問題にフェミニズムが深く関わっている。それは単なる「女性の権利」の問題ではない。これまでのフェミニズムはまだ本来の半分までしか進んでいない。女性を加えてかき混ぜたら、次にやるべきは変化のインパクトを正しく理解し、社会と経済と政治を新たな世界に合わせて変えていくことだ。経済人に別れを告げて、もっと多様な人間のあり方を受け入れられる社会と経済をつくっていくことだ。

それを革命と呼ぶ必要はない。改善と呼んだほうがいいだろう。

このエピローグは、ロンドン北部の陽当たりのいい庭で執筆した。青緑色のアウトドア椅子に座り、ツルバラが鮮やかに花開くのを眺めながら、その実現を願って。

訳者あとがき

本書は2012年にスウェーデンで刊行され、世界中で話題を呼んだ経済と女性の本です。これまで20か国語以上に翻訳され、2015年にはガーディアン紙の年間ベスト本にランクインしました。同年、著者カトリーン・マルサルは、BBCによる「今年の女性100人」に選ばれています。

金融危機とコロナ危機

本書が書かれたのは、世界金融危機の数年後です。2008年にアメリカの投資銀行リーマン・ブラザーズが経営破綻し、それをきっかけに世界中が深刻な不況に陥りました。金融中心の資本主義を根本的に問い直そう、という機運が広がりましたが、結局のところ大きくは変わりませんでした。

そして今、世界はふたたび危機に見舞われています。

新型コロナウイルスの感染が世界中に広がり、人々はロックダウンや自粛生活を強いられ、経済は大きなダメージを受けました。今回のコロナ禍でとりわけ目立つのが、ジェンダーをはじめとする社会的な立ち位置による格差です。

株価が奇妙に値上がりする一方、仕事を失って住むところや食事に困る人が増えています。内閣府男女共同参画局の資料によると、コロナ禍で男女ともに就業者数が減少しましたが、女性の減少幅は男性の約2倍です。とりわけ非正規雇用の女性が高い割合で職を失いました。子どもの休校で、家事や育児の負担を引き受けているのも主に女性です。また保育や教育、サービス業、医療・福祉など、リモートワークがしにくい職種には女性が多く、厳しい環境で働くことを強いられています。DVや性暴力被害も増え、女性の自殺者数が大幅に増加しました。このように女性に深刻な影響が及んでいる状況は「女性不況」とも呼ばれます。

何かがおかしい。どうして女性がこんなに苦しまなくてはならないのか。本書はそんな疑問に答えるための、有力な手がかりを与えてくれます。今こそ読まれるべき本だと思います。

北欧にもジェンダー格差はある

著者カトリーン・マルサルは、スウェーデン出身のジャーナリストです。スウェーデンをはじめ、北欧といえば、ジェンダー平等の進んだ国というイメージがあるのではないでしょうか。

国連が発表しているジェンダー不平等指数（GII）で、スウェーデンは世界3位（2020年）。きわめてジェンダー格差が少ないことがわかります。世界経済フォーラムのジェンダーギャップ指数でも5位（2021年）と、下から数えたほうが早い日本とは大違いです。

ところが、そのスウェーデンでさえ、男女の平等が実現しているとは言いがたいのです。スウェーデンには差別禁止法が存在し、職場における男女平等が積極的に進められています。それでも著者が指摘するとおり、男女の賃金格差は依然として存在します。また、企業の重役やトップの座につく女性の割合はけっして多くありません。

それはなぜなのか。経済のしくみに何か問題があるのではないか。というのが、本書の着眼点です。

経済学と聞くと「難しそう」と感じるかもしれません。やたらと難解な言葉と数式を並べて人を怖がらせるのが経済学の常套手段です。でも本書には、難しい数式はひとつも出てきません。経済学を学んだことがなくても、誰でも身近な問題として、経済を考えることができるようになっています。読みやすく、ウィットに富んだ文章からは、「経済学はみんなのものであるべきだ」という著者の姿勢が伝わってきます。

なぜ女性は生きづらいのか

「女性活躍」が叫ばれ、企業で働く女性が増える一方で、ワークライフバランスは今も多くの女性を悩ませています。

もっと働きたいけれど、働けない。子どもを預けられない。働いているのに家事も全部やらなくてはいけない。とにかく忙しすぎる。何もかもなんてできない。子どもがほしいけど、産める気がしない。

そうした困りごとの中心には、男性がフルタイムで働き、女性が家事と育児をやるべき、という性別役割分担の意識があります。「男性は仕事だけしていればいいのに、女性が同じことをするとダメな女だと言われる」のは、北欧でも（程度の差はあれ）変わらないようです。

シェリル・サンドバーグの『リーン・イン』に代表されるリベラル・フェミニズムが一部で批判されるのも、男性的な働き方の問題点を問わないまま、そこに女性を合わせようとしているからです。「女性を加えてかき混ぜればいいというものではない」と著者はいいます。「男性によって男性のためにつくられた枠組み」のなかに女性を放り込んでも、女性の負担が増えるだけなのです。

問題は、私たちの働き方や考え方が、「経済人（ホモ・エコノミクス）」という誤った前提の上に立っていることではないか。この経済人という幻想に立ち向かわないかぎり、状況は変わらないのではないか、と著者は言います。なぜなら「経済人は、けっして女性ではない」からです。経済人に象徴される経済学の考え方が、女性を考慮に入れるどころか、全力で排除してきた経緯を本書は明らかにします。

経済学を定義しなおす

このような男性中心の経済学に対抗する立場として、1990年代に登場したのがフェミニスト経済学です。フェミニスト経済学の第一人者スーザン・ヒメルヴァイトによると、フェミニスト経済学とは、まず第一にジェンダー平等を考慮する経済学です。主流派経済学は合理的な男性をモデルにして経済を考えますが、フェミニスト経済学は女性の置かれた立場を分析します。著者も指摘するように、「男性と女性が経済のしくみのなかで異なるポジションにいるとき、経済政策は男性と女性に異なる効果を及ぼす」からです。そこからさまざまな格差の問題が見えてきます。

またフェミニスト経済学は、市場経済の外にあるものを含めて、社会全体がどう維持・運営されるかを考えます。私たちが生活できるのは、そして食事を食べられるのは、アダム・スミスのいう「自己利益の追求」のためだけではありません。家事労働があり、人とのふれあいがあり、ケアがあってはじめて、社会は機能するのです。経済人が目を背けてきた「依存」や「分配」にここで光が当てられます。

主流派経済学は、伝統的に女性の役割とされる仕事を過小評価してきました。経済活動の指標としてもっとも広く使われる数字はGDP（国内総生産）ですが、GDPは家事など市場の外でおこなわれる労働を測定しません。GDPに含まれるのは市場での売買や、軍事費、金融などです。ところで、何をGDPに含めて何を含めないかは、政治的な問題です。あらかじめ測るべき実体があってそれを測っているのではなく、政治の都合に合わせて、何を測るべきか（何に価値があるとし、何を無価値とするか）の線引きが決められてきたのです。

女性の家庭内労働は、経済の世界から排除され、価値のないものとされてきました。そして伝統的に女性の労働であったケア労働は、賃金の安い、不安定な仕事になってしまいました。もっとも大切であるはずの、人の身体に関わる仕事が軽視され、ケアワーカーの低待遇や人材不足の問題を引き起こしています。

本書はそうしたフェミニスト経済学の考え方をベースに、既存の経済学をバサバサと斬っていく爽快な読み物です。

日本でも近年、フェミニズムに対する注目が高まってきました。これまで黙らされてきた女性たちが声を上げ、平等を求めて戦っています。

フェミニズムは単なる「女性の権利」の問題ではありません。社会全体の問題です。私たちみんなが、そして未来の世代が、どんな世界に生きるのかを考えることです。格差の解消やケアの分配といった課題は、これからの経済と民主主義を考えるうえで欠かせない視点を与えてくれます。

本書がそうした問題について話し合うきっかけになることを、心から願っています。

第 13 章

個人主義は何を私たちの体から奪ったか

1 個人主義とレナート・ニルソンの写真についての議論は Newman, 1996 を基にしている。
2 行動経済学について詳しくは Östling, 2009 を参照。
3 Franklin, 1991.
4 Held, 1990.
5 この見方は Feiner, 2003 に基づくが、結論は異なる。

第 14 章

経済人はなぜ「女らしさ」に依存するのか

1 本章の性とジェンダーに関する議論は Hewitson, 1999, pp. 108–38 などを参考にしている。
2 Graycar and Morgan, 1990 に引用。
3 ショーデルグランの詩「The Day Cools」(1916) より。
4 Feiner, 1999 も参照のこと。

第 15 章

経済の神話にどうして女性が出てこないのか

1 Folbre, 2010 の冒頭にエピグラフとして引用されている。
2 Nelson, 1993.
3 Mencken, 2006, p. 19.

第 16 章

私たちはどうすれば苦しみから解放されるのか

1 Lewis, 2009.
2 老子とフェミニズムについて詳しくは Chuan Xu, 2003 を参照。
3 Robbins, p. 16.
4 Ferber and Nelson, 1993, p. 26.
5 *Ask The Awakened: The Negative Way*, Sentient Publications, 2003.

エピローグ

経済人にさよならを言おう

1 平等人権委員会 (EHRC)の調査による数字 (Smeaton et al., 2009)。この格差はとりわけ低所得のシニア女性において大きくなる。
2 ただし例外はある。アイルランドは非常に伝統的な家族制度でありながら欧州でもっとも高い出生率を維持している。

7 Friedman, 1953.
8 US News and World Report, 7 March 1988, p. 64 を参照。ガルブレイスが考案した表現かどうかは不明。
9 Lucas, 2009.
10 Stiglitz, 2003, pp. 133–66.
11 アマンダ・フリードマンの記事による。*Chicago Daily Observer*, 30 January 2010.
12 精神疾患の合理的解釈については Caplan, 2005 を参照。

第 9 章
金の卵を産むガチョウを殺すのは誰か

1 詳しくは Taylor, 2009, p. 69 を参照。
2 Ehrenreich, 2008.
3 Gneezy and Rustichini, 2000.
4 Banerjee and Duflo, 2011, pp. 57–70.
5 Schwartz, 2007.

第 10 章
ナイチンゲールはなぜお金の問題を語ったか

1 詳しくは Folbre and Nelson, 2000 を参照。
2 *Counsels and Maxims Vol. 2*, chapter twenty-six, §320, translated by T. Bailey Saunders.
3 ナイチンゲールの生涯と活動については Moberg, 2007 に詳しい。
4 Agence France-Presse, 2005.
5 SCB（Statistics Sweden）の推計による。13 万人の不足は高齢者人口の増加と看護やケア職に対する関心の低下のためとされる。http://www.scb.se

第 11 章
格差社会はどのように仕組まれてきたか

1 本章の中国に関する記述は Leonard, 2008 に依拠。
2 Johnson, 2011.
3 Douglas Keay による引用。*Woman's Own*, 31 October 1987.
4 Chait, 2007.
5 Stockman, 1986, p. 13.
6 Harvey, 2007, p. 16.
7 Mount, 2012, p. 3.
8 Cowen, 2011.
9 United Nations Publications, 2005.
10 Rothkopf, 2008, p. 94.
11 Wolf, 2013, p. 141.
12 フォーブス誌の 2009 年ビリオネアリストによる。
13 Edlund and Kopczuk, 2009.
14 Reich, 1983.
15 Soifer Consulting による Harvard MBA Indicator 2009 年版より。
16 Krugman, 2000.
17 ジャン・アヌイの戯曲『ひばり』より。

第 12 章
「自分への投資」は人間を何に変えるのか

1 本章のドバイに関する記述については Davis and Monk, 2007 を参照。
2 Brown, 2008.
3 Foucault, 2010.
4 Ronald Butt によるサッチャーのインタビューより。*The Sunday Times*, 3 May 1981.
5 ここでの疎外と人的資本の議論は Read, 2009 に依拠。
6 Mincer, 1958.
7 Becker, 1992, p. 43.
8 Lemke, 2001.

10 Hamdad, 2003 などを参照。

11 女性を加えてかき混ぜる、という表現はオーストラリアのフェミニスト経済学者ジリアン・ヒューイットソンによるもので、既存の枠組みを変えることなく女性を取り込もうという戦略を指す。Hewitson, 1999, p. 37 を参照。

12 フリーダンの人生については Hennessee, 1999 に詳しい。

13 Fox, 2006.

14 Stevenson and Wolfers, 2009.

15 Office for National Statistics, 2012b.

第6章

ウォール街はいつからカジノになったのか

1 Leonard, 2010 などを参照。

2 Poundstone, 1992, p. 66.

3 Rhodes, 1987, p. 628.

4 Aumann, 2005. http://www.nobelprize.org/nobel_prizes/economic-sciences/laureates/2005/aumann-lecture.pdf

5 ジョン・フォン・ノイマンはスタンリー・キューブリックの映画『博士の異常な愛情 または私は如何にして心配するのを止めて水爆を愛するようになったか』(1964)の主人公ストレンジラヴ博士のモデルになったと言われる。

6 Taylor, 2004, pp. 142–72 など。

7 Grazzini, 2009, p. 2 に引用。

8 Taylor 2004, p. 174 に引用。

9 Taylor 2004, pp. 244–48.

10 ローレンス・サマーズの言葉ともロバート・シラーの言葉とも言われている。Smithers, 2009 などを参照。

11 Soros, 1994.

第7章

金融市場は何を悪魔に差しだしたのか

1 『ファウスト』と経済学について、より詳しくは Binswanger, 1994 を参照。

2 詳しくは Weatherford, 1998 などを参照。

3 Buckley, 2000, pp. 536–38.

4 *The Economist*, 2005.

5 Galbraith, 1994, p. 28.

6 Kindleberger, 2000.

7 映画『ウォール街』(1987) のゴードン・ゲッコーのセリフ。

8 Grant and Mackenzie, 2010.

9 このときの答弁の記録は http://www.pbs.org で読むことができる。グリーンスパンはその後もイデオロギーを捨てたわけではないようで、2011年3月29日のフィナンシャル・タイムズ紙では次のように述べている。「今日の競争的市場は、我々が認知しようとしまいと、アダム・スミスの『見えざる手』の国際版によって動かされている。これはますます動かしがたい事実だ。非常にまれな例外(2008年などの)を除き、グローバルな『見えざる手』は比較的安定した為替レート、金利、物価、賃金を生みだしてきた」

第8章

経済人とはいったい誰だったのか

1 Kahneman and Tversky, 1979.

2 トベルスキーは1996年に亡くなった。生きていたらカーネマンと共に受賞していただろう。

3 詳しくは Smith, 2000 および Aktipis and Kurzban in Koppl, 2005 を参照。

4 Akerlof and Shiller, 2009.

5 Bereby-Meyer and Fisk, 2009.

6 Sen, 1990, p. 35.

第３章
女性はどうして男性より収入が低いのか

1 Folbre, 2010.
2 West, 1989, p. 219.
3 イギリスの経済学者Ｎ・Ｗ・シーニア（1790–1864）がその代表。Senior, 1965 などを参照。
4 Becker, 1978.
5 Foucault, 2010.
6 Hewitson, 1999, p. 130 に引用。
7 シカゴ学派とゲーリー・ベッカーに関する本章の議論は Hewitson, 1999, pp. 37–64 に拠る。
8 Mincer and Polachek, 1992 を参照。著者ジェイコブ・ミンサーはコロンビア大学に長く所属していたが、シカゴ大学での人的資本の論文で知られており、シカゴ学派として語られることが多い。ベッカーやシュルツよりも先に人的資本の概念を用いて賃金差を説明した。
9 ジェイコブ・ミンサーが導入した人的資本の説による。
10 Hewitson, 1999, p. 50.
11 Becker, 1957.
12 Arrow, 1972 および Mueser, 1987.
13 Becker, 1995.
14 Becker, 1991, p. 37 など。
15 Kipnis, 2006, pp. 81–122.
16 Angier, 2000, p. 58.

第４章
経済成長の果実はどこに消えたのか

1 Brockway, 1996, p. 10.
2 Keynes, 1931.
3 1人当たりの生産と消費が1年に2%ずつ増えれば、約35年で2倍になり、105年後には8倍になり、さらにその35年後には16倍になる。
4 Marglin, 2008, p. 4.
5 Keynes, 1963, p. 374.
6 http://data. worldbank.org/country/china
7 Hamermesh and Soss, 1974.
8 Mialon, 2012.
9 Galenson, 2006.
10 Thompson, 2008.
11 *The New York Times*, 4 August 2008.
12 CIA, The World Fact Book（http://www.cia.gov）などを参照。
13 国際連合人口基金（UNFPA）の統計による。http://www.unfpa.org
14 Sen, 1990.
15 国連の統計による。http://www.un.org
16 Stiglitz, 2011.
17 Center on Juvenile and Criminal Justice, 1996.
18 エコノミスト誌1992年2月8日号に引用された文書による。
19 サマーズ・メモをめぐる議論については Marglin, 2008 を参照。
20 Jensen, 2002, p. 124.
21 Walsh, 2009.

第５章
私たちは競争する自由が欲しかったのか

1 Kipnis, 2006, p. 34.
2 米国のフェミニスト、グロリア・スタイネムがよく使っていた表現。
3 Barker and Feiner, 2004, p. 123.
4 Varia, 2007.
5 Hochschild, 2000.
6 Kingma, 2007.
7 Waring, 1999.
8 Human Development Report, 1999, p. 78.
9 この点についてさらに詳しい議論は Folbre, 2002, p. 67 を参照。

原註

プロローグ
経済と女性の話をしよう

1 Lagarde, 2010.
2 Croson and Gneezy, 2009.
3 Pearson and Schipper, 2013.
4 Booth, Cardona-Sosa and Nolen, 2014.
5 Wolf, 2013, chapter 2.
6 Statistics Sweden, 2004.
7 上級管理職に就く女性の割合のランキングにおいてスウェーデンは25位、フィンランドは13位、デンマークは37位。Grant Thornton International Business Report 2012による。

第1章
アダム・スミスの食事を作ったのは誰か

1 McCloskey, 2000, p. 13.
2 旧ソ連で流行ったジョーク。
3 Edgeworth, 1967, p. 16.
4 Stigler, 1971, p. 265.
5 『ヤバい経済学』序章より。
6 『国富論』に「見えざる手」という言葉が出てくるのは、輸入制限政策について論じた1か所だけである。『国富論』第4編第2章を参照。
7 ニュートンが言ったとされる言葉。初出はHenry Richard Fox Bourneの1871年の著作『The Romance of Trade』に出てくる引用。
8 Davis, 2003などにこうした考え方が見られる。
9 Hawking, 1993, p. 113をはじめ多く引用されている。
10 Robbins, p. 1.
11 「There is no alternative (TINA)」は、英国の元首相マーガレット・サッチャーが何度も使った有名なスローガン。
12 リーマン・ブラザーズ最後のCEOとなったリチャード・ファルドは、2000年から2007年のあいだに総額5億ドルを稼いだと言われる。Bebchuk, Cohen and Spamann, 2010を参照。
13 登録看護師の最低時給をもとにした数字。
14 Phillipson, 2010.
15 女性の労働とGDPについて詳しくはWaring, 1999を参照。
16 Folbre, 2001.

第2章
ロビンソン・クルーソーはなぜ経済学のヒーローなのか

1 Milne, 2004, pp. 14–16.
2 Grapard and Hewitson, 2011などに述べられている。
3 Defoe, 1992.
4 経済人としてのロビンソン・クルーソーに関するフェミニスト的検討については、Hewitson, Gillian J, *Feminist Economics: Interrogating the Masculinity of Economic Man*, pp. 145-165を参照。
5 Joyce, 1964, pp. 24–25.
6 定義についてはMarshall, 1920, book V, chapter Vなどを参照のこと。
7 経済人という言葉を最初に使ったのはジョン・スチュアート・ミルとされる。アダム・スミスら18世紀の思想家に結びつけられる言葉だが、一般に使われるようになったのは19世紀以降。詳しくはPersky, 1995を参照。
8 Mandeville, 1997.
9 Nelson, 2002, p. 301.

著、阿部司，根本政信訳、サンケイ出版、1987〕

Szuchman, Paula and Anderson, Jenny, *Spousonomics: Using Economics to Master Love, Marriage, and Dirty Dishes*, Random House, 2011.〔『夫婦仲の経済学：皿洗いからセックスライフまで、妻と夫の不満は経済理論で解決』ポーラ・シューマン，ジェニー・アンダーソン著、永井二菜訳、阪急コミュニケーションズ、2012〕

Taylor, Mark C., *Confidence Games: Money and Markets in a World without Redemption*, University of Chicago Press, 2008.

Thompson, Don, *The $12 Million Stuffed Shark: The Curious Economics of Contemporary Art*, Palgrave Macmillan, 2008.

Thorp, Edward O., *Beat the Dealer: A Winning Strategy for the Game of TwentyOne*, Vintage, 1966.〔『ディーラーをやっつけろ！：ブラックジャック必勝法』エドワード・O・ソープ著、増田丞美監修、宮崎三瑛訳、パンローリング、2006〕

Thorp, Edward O., *Beat the Market: A Scientific Stock Market System*, Random House, 1967.

United Nations Publications, The Inequality Predicament: Report on the World Social Situation, Department of Economic and Social Affairs (DESA), 2005.

Varia, Nisha, 'Globalization Comes Home: Protecting Migrant Domestic Workers' Rights', Human Rights Watch World Report 2007, http://www.hrw.org

Walsh, Bryan, 'E-Waste Not', *TIME magazine*, 8 January 2009.

Wanniski, Jude, *The Way the World Works*, Gateway Editions, 1998.

Waring, Marilyn, *Counting for Nothing: What Men Value and What Women are Worth*, University of Toronto Press, 1999.

Weatherford, Jack, *The History of Money*, Three Rivers Press, 1998.

West, Rebecca, *The Young Rebecca: Writings of Rebecca West, 1911–17*, a selection made by Jane Marcus, Indiana University Press, 1989.

Wolf, Alison, *The XX Factor: How Working Women Are Creating A New Society*, Profile Books, 2013.

イシュ著、竹村健一訳、三笠書房、1983〕

Reinhart, Carmen M. and Rogoff, Kenneth S., *This Time Is Different: Eight Centuries of Financial Folly*, Princeton University Press, 2011.〔『国家は破綻する：金融危機の 800 年』カーメン・M・ラインハート, ケネス・S・ロゴフ著、村井章子訳、日経 BP 社、2011〕

Rhodes, Richard, *The Making of the Atomic Bomb*, Simon & Schuster, 1987.〔『原子爆弾の誕生』(上下) リチャード・ローズ著、神沼二真, 渋谷泰一訳、紀伊國屋書店、1995〕

Robbins, Lionel, *An Essay on the Nature and Significance of Economic Science*, second edition, revised, Macmillan & Co, 1945.

Rothkopf, David, *Superclass: The Global Power Elite and the World They Are Making*, Leopard Förlag, 2008.

Schwartz, Barry, 'Money for Nothing', *New York Times*, 2 July 2007.

Sen, Amartya, 'More than 100 Million Women are Missing', *New York Review of Books*, 20 December 1990.

Sen, Amartya, 'Rational Fools: A Critique of the Behavioral Foundations of Economic Theory', in Jane J. Mansbridge, *Beyond Self-Interest*, University of Chicago Press, 1990.

Senior, Nassau, *An Outline of the Science of Political Economy*, Augustus M. Kelley, 1965.

Simmel, Georg, *The Philosophy of Money*, Routledge, 2004.〔『貨幣の哲学 新訳版 新装復刊』ゲオルク・ジンメル著、居安正訳、白水社、2016〕

Smeaton D., Vergeris S. and Sahin-Dikmen M., Older Workers: Employment Preferences, Barriers and Solutions, Equality and Human Rights Commission, Research report 43, 2009.

Smith, Adam, *The Wealth of Nations*, Encyclopædia Britannica, Great Books, 1952 (1759).〔『国富論』(全 5 巻) アダム・スミス著、大内兵衛訳、岩波書店、1948-1949〕

Smith, Vernon L., *Bargaining and Market Behavior: Essays in Experimental Economics*, Cambridge University Press, 2000.

Smithers, Andrew, *Wall Street Revalued: Imperfect Markets and Inept Central Bankers*, John Wiley & Sons, 2009.

Soros, George, *The Alchemy of Finance: Reading the Mind of the Market*, Wiley, 1994.〔『ソロスの錬金術 新版』ジョージ・ソロス著、青柳孝直訳、総合法令出版、2009〕

'Special Report on the Global Housing Boom', *Economist*, 18 June 2005.

Statistics Sweden, 'Pay Differentials between Women and Men in Sweden', Information on Education and the Labour market 2004: 2.

Stevenson, Betsey and Wolfers, Justin, 'The Paradox of Declining Female Happiness', *American Economic Journal*: Economic Policy 2009, vol. 1, no. 2, pp. 190-225.

Stigler, G. J., 'Smith's Travels on the Ship of State', *History of Political Economy*, vol. 3, no. 2, 1971.

Stiglitz, Joseph E., *Globalization and Its Discontents*, W. W. Norton & Company, 2002.〔『世界を不幸にしたグローバリズムの正体』ジョセフ・E・スティグリッツ著、鈴木主税訳、徳間書店、2002〕

Stiglitz, Joseph E., 'Of the 1%, By the 1%, For the 1%', *Vanity Fair*, May 2011.

Stockman, David, *The Triumph of Politics: Why the Reagan Revolution Failed*, Harper & Row, 1986.〔『レーガノミックスの崩壊：レーガン大統領を支えた元高官の証言』デイヴィッド・A・ストックマン

McCloskey, Deirdre, *How to be Human : Though an Economist*, University of Michigan Press, 2000.

McCloskey, Deirdre, *If You're So Smart: The Narrative of Economic Expertise*, University of Chicago Press, 1992.

Mencken, H. L., *A Little Book in C Major*, Kessinger Publishing, 2006.

Mialon, Hugo, 'The Economics of Faking Ecstasy', *Economic Inquiry*, vol. 50, no. 1, January 2012.

Milne, A. A., *If I May*, Kessinger Publishing, 2004.

Mincer, Jacob, 'Investment in Human Capital and Personal Income Distribution', *Journal of Political Economy*, vol. 66, no. 4, August 1958.

Mincer, Jacob and Polachek, Solomon, 'Family Investment in Human Capital: Earnings of Women', in *Studies in Labor Supply: Collected Essays of Jacob Mincer*, vol. 2, Edward Elgar Publishing, 1992.

Moberg, Åsa, *Hon var ingen Florence Nightingale: människan bakom myten [She was no Florence Nightingale: the person behind the myth]*, Natur & Kultur, 2007.

Mount, Ferdinand, *The New Few, or a Very British Oligarchy: Power and Inequality in Britain Now*, Simon & Schuster, 2012.

Mueser, Peter, 'Discrimination', in John Eatwell and Murray Milgate, *The New Palgrave: A Dictionary in Economics*, vol. 1, Stockton, 1987.

Nelson, Robert H., *Economics As Religion: From Samuelson to Chicago and Beyond*, Pennsylvania State University, 2002.

Nelson, Robert H., *Reaching for Heaven on Earth: The Theological Meaning of Economics*, Rowman & Littlefield Publishers, 1993.

Newman, Karen, *Fetal Positions: Individualism, Science, Visuality*, Stanford University Press, 1996.

Office for National Statistics (ONS). First ONS Annual Experimental Subjective Well-being Results. Swansea: ONS, 2012b.

Östling, Robert, *Beteendeekonomi och konsumentpolitik [Behavioural Economics and Consumer Politics]*, Integrations och Jämställdhetsdepartementet, 2009.

Pateman, Carole, 'The Patriarchal Welfare State', in Joan Landes, ed., *Feminism, the Public and the Private: Oxford Readings in Feminism*, Oxford University Press, 1998.

Pearson, Matthew and Schipper, Burkhard, 'Menstrual Cycle and Competitive Bidding', *Games and Economic Behavior*, vol. 78, pp. 1–20, March 2013.

Persky, Joseph, 'Retrospectives: The Ethology of Homo Eco nomicus', *Journal of Economic Perspectives*, vol. 9, no. 2, 1995.

Phillipson, Nicholas, *Adam Smith: An Enlightened Life*, Yale University Press, 2010.〔『アダム・スミスとその時代』ニコラス・フィリップソン著、永井大輔訳、白水社、2014〕

Poundstone,William, *Prisoner's Dilemma: John von Neumann, Game Theory, and the Puzzle of the Bomb*, Oxford University Press, 1992.〔『囚人のジレンマ：フォン・ノイマンとゲームの理論』ウィリアム・パウンドストーン著、松浦俊輔 他訳、青土社、1995〕

Read, Jason, A Genealogy of Homo Economicus: Neoliberalism and the Production of Subjectivity, *Foucault Studies*, no. 6, 2009.

Reich, Robert B., *The Next American Frontier*, Crown, 1983.〔『ネクストフロンティア』ロバート・B・ラ

Man", *Australian Feminist Studies*, vol. 9, issue 20, pp. 131–49, 1994.
Hewitson, Gillian, *Feminist Economics*, Edward Elgar Publishing, 1999.
Hochschild, Arlie Russell and Ehrenreich, Barbara, eds., *Global Woman: Nannies, Maids and Sex Workers in the New Economy*, Henry Holt, 2002.
Human Development Report 1999, United Nations Development Programme, 1999.
Jensen, Derrick, *The Culture of Make Believe*, Context Books, 2002.
Johnson, Joel, '1 Million Workers. 90 Million iPhones. 17 Suicides. Who's to Blame?', *Wired Magazine*, March 2011.
Joyce, James, *Daniel Defoe, Buffalo Studies 1*, 1964.
Kahneman, Daniel and Tversky, Amos, 'Prospect Theory: An Analysis of Decision under Risk', Econometrica, XLVII, 1979.
Keynes, John Maynard, *Essays in Persuasion*, W. W. Norton & Company, 1963.
Kindleberger, Charles P., and Aliber, Robert Z., *Manias, Panics, and Crashes: A History of Financial Crises*, Wiley Investment Classics, 2000.〔『熱狂、恐慌、崩壊：金融危機の歴史』C・P・キンドルバーガー，R・Z・アリバー著、高遠裕子訳、日本経済新聞出版、2014〕
Kingma, Mireille, 'Nurses on the Move: A Global Overview', in Health Services Research, vol. 42, no. 3, p. 2, 2007.
Kipnis, Laura, *The Female Thing*, Pantheon Books, 2006.
Krugman, Paul, *The Return of Depression Economics*, W. W. Norton & Company, 2000.〔『世界大不況からの脱出：なぜ恐慌型経済は広がったのか』ポール・クルーグマン著、三上義一訳、早川書房、2009〕
Lagarde, Christine, 'Women, Power and the Challenge of the Financial Crisis', *International Herald Tribune*, 10 May 2010.
Lemke, Thomas, 'The Birth of Biopolitics: Michel Foucault's Lecture at the Collège de France on Neo-Liberal Governmentality', in *Economy and Society*, vol. 30, no. 2, May 2001.
Leonard, Mark, *What Does China Think?*, Fourth Estate, 2008.
Leonard, Robert, *Von Neumann, Morgenstern and the Creation of Game Theory*, Cambridge University Press, 2010.
Levitt, Steven D. and Dubner, Stephen J., *Freakonomics: A Rogue Economist Explores the Hidden Side of Everything*, William Morrow, 2006.〔『ヤバい経済学：悪ガキ教授が世の裏側を探検する』スティーヴン・D・レヴィット，スティーヴン・J・ダブナー著、望月衛訳、東洋経済新報社、2006〕
Lewis, Michael, 'Wall Street on the Tundra', *Vanity Fair*, 14 December 2009.
Lucas, Robert, 'In Defence of the Dismal Science', *Economist*, 6 August 2009.
Mandeville, Bernard, *The Fable of the Bees and Other Writings*, Hackett Publishing, 1997.〔『蜂の寓話：私悪すなわち公益 新装版』バーナード・マンデヴィル著、泉谷治訳、法政大学出版局、2015〕
Marglin, Stephen A., *The Dismal Science: How Thinking Like an Economist Undermines Community*, Harvard University Press, 2008.
Marshall, Alfred, *Principles of Economics*, Macmillan and Co., 1920.〔『経済学原理』（全4巻）A・マーシャル著、馬場啓之助訳、東洋経済新報社、1965-1967〕

コー講義集成 8)』ミシェル・フーコー著、慎改康之訳、筑摩書房、2008〕

Fox, Margalit, 'Betty Friedan, Who Ignited Cause in "Feminine Mystique", Dies at 85', *New York Times*, 5 February 2006.

Franklin, Sarah, 'Fetal Fascinations: New Dimensions to the Medical-Scientific Construction of Fetal Personhood', in S. Franklin, C. Lury & J. Stacey, *Off Centre: Feminism and Cultural Studies*, HarperCollins Academic, 1991.

Frey, Bruno, *Not Just for the Money: An Economic Theory of Personal Motivation*, Edward Elgar Publishing, 1997.

Friedan, Betty, *The Feminine Mystique*, trans. Gun Trollbäck, Pan/Norstedts, 1968.〔『新しい女性の創造』ベティ・フリーダン著、三浦冨美子訳、大和書房、1965〕

Friedman, Milton, 'The Methodology of Positive Economics', in *Essays in Positive Economics*, University of Chicago Press, 1953.

Galbraith, John Kenneth, *A Short History of Financial Euphoria*, Penguin, 1994.〔『バブルの物語：人々はなぜ「熱狂」を繰り返すのか 新版』ジョン・K・ガルブレイス著、鈴木哲太郎訳、ダイヤモンド社、2008〕

Galenson, David W., *Artistic Capital*, Routledge, 2006.

Gilder, George, *Wealth and Poverty*, ICS Press, 1993.

Gneezy, Uri and Rustichini, Aldo, 'A Fine is a Price', *Journal of Legal Studies*, vol. 29, no. 1, January 2000.

Grant, Jeremy and Mackenzie, Michael, 'Ghosts in the Machine: The Potential Dangers of Automated, High-Frequency Trading', *Financial Times*, 17 February 2010.

Grant Thornton International Business Report (IBR) 2012, 'Women in Senior Management: Still Not Enough', 2012.

Grapard, Ulla and Hewitson, Gillian, *Robinson Crusoe's Economic Man*, Routledge, 2011.

Graycar, Regina and Morgan, Jenny, *The Hidden Gender of Law*, Federation Press, 1990.

Grazzini, Jakob, 'The Rhetoric of Economics by D. N. McCloskey', University of Turin Doctoral Programme in Economics of Complexity and Creativity, 2009.

Hamdad, Malika, 'Valuing Households' Unpaid Work in Canada, 1992 and 1998: Trends and Sources of Change', Statistics Canada Economic Conference, 2003.

Hamermesh, Daniel S. and Soss, Neal M., 'An Economic Theory of Suicide', *Journal of Political Economy*, 82, January/February 1974.

Harvey, David, *A Brief History of Neoliberalism*, Oxford University Press, 2007.〔『新自由主義：その歴史的展開と現在』デヴィッド・ハーヴェイ著、渡辺治監訳，森田成也，木下ちがや，大屋定晴，中村好孝訳、作品社、2007〕

Hawking, Stephen, *Black Holes and Baby Universes and Other Essays*, Bantam Books, 1993.

Held, Virginia, Mothering Versus Contract, in Jane J. Mansbridge, *Beyond Self-Interest*, University of Chicago Press, 1990.

Hennessee, Judith, *Betty Friedan: Her Life*, Random House, 1999.

Hewitson, Gillian 'Deconstructing Robinson Crusoe: A Feminist Interrogation of "Rational Economic

Brown, Wendy, *Att vinna framtiden åter*, Atlas, 2008.

Buckley, David, *Strange Fascination – David Bowie: The Definitive Story*, Virgin Books, 2000.

Caplan, Bryan, *The Economics of Szasz: Preferences, Constraints, and Mental Illness*, Department of Economics, Center for Study of Public Choice and Mercatus Center, George Mason University, 2005.

Center on Juvenile and Criminal Justice, From Classrooms Cell Blocks, October 1996, http://www.cjcj.org

Chait, Jonathan, *The Big Con: The True Story of How Washington Got Hoodwinked and Hijacked by Crackpot Economics*, Houghton Mifflin Harcourt, 2007.

Chuan Xu, Judith, 'Poststructuralist Feminism and the Problem of Femininity in the Daodejing', *Journal of Feminist Studies in Religion*, vol. 19, no. 1, 2003.

Cohen, Patricia, 'A Textbook Example of Ranking Artworks', *New York Times*, 4 August 2008.

Cowen, Tyler, 'The Inequality that Matters', *American Interest*, January/February 2011.

Croson, Rachel and Uri, Gneezy: 'Gender Differences in Preferences', *Journal of Economic Literature*, 47（2）: pp. 448–74, 2009.

Davis, John B., *The Theory of the Individual in Economics: Identity and Value*, Routledge, 2003.

Davis, Mike and Monk, Daniel Bertrand, *Evil Paradises: Dream worlds of Neoliberalism*, New Press, 2007.

de Beauvoir, Simone, *The Second Sex*, Norstedts, 2006.〔『第二の性：決定版』（全 3 巻）ボーヴォワール著、『第二の性』を原文で読み直す会訳、新潮社、2001〕

Defoe, Daniel, *Robinson Crusoe*, Wordsworth Editions, 1992.

Edgeworth, F. Y., *Mathematical Physics: An Essay on the Application of Mathematics to the Moral Sciences*, Reprints of Economic Classics, Augustus M. Kelley Publishers, 1967（1881）.

Edlund, L. and Kopczuk, W., 'Women, wealth and mobility', *American Economic Review*, 99（1）（2009）, pp. 146–78.

Ehrenreich, Barbara, 'Clitoral Economics', *Huffington Post*, 22 January 2008.

Feiner, Susan F., 'Portrait of Homo Economicus as a Young Man', in Mark Osteen and Martha Woodmansee, *The New Economic Criticism: Studies at the Intersection of Literature and Economics*, Routledge, 1999.

Feiner, Susan F., 'Reading Neoclassical Economics: Toward an Erotic Economy of Sharing', in Drucilla K. Barker and Edith Kuiper, *Toward a Feminist Philosophy of Economics*, Routledge, 2003.

Ferber, Marianne A. and Nelson, Julie, *Beyond Economic Man: Feminist Theory and Economics*, Chicago University Press, 1993.

Folbre, Nancy, Greed, Lust and Gender: *A History of Economic Ideas*, Oxford University Press, 2010.

Folbre, Nancy, *The Invisible Heart: Economics and Family Values*, New Press, 2001.

Folbre, Nancy and Nelson, Julie A., 'For Love or Money – Or Both?', *Journal of Economic Perspectives*, vol. 14, no. 4, 2000.

Foucault, Michel, 'The Birth of Biopolitics', in *Michel Foucault: Lectures at the Collège de France*, Palgrave, 2010.〔『生政治の誕生：コレージュ・ド・フランス講義 1978-1979 年度（ミシェル・フー

参考文献

Agence France-Presse, 'Warnings Raised About Exodus of Philippine Doctors and Nurses', *New York Times*, 27 November 2005.

Akerlof, George A. and Shiller, Robert J., *Animal Spirits: How Human Psychology Drives the Economy, and Why It Matters for Global Capitalism*, Princeton University Press, 2009.〔『アニマルスピリット：人間の心理がマクロ経済を動かす』ジョージ・A・アカロフ, ロバート・J・シラー著、山形浩生訳、東洋経済新報社、2009〕

Aktipis, Athena C. and Kurzban, Robert O., Is Homo Economicus Extinct?, in R. Koppl, *Evolutionary Psychology and Economic Theory*, JAI Press, 2005.

Angier, Natalie, *Woman: An Intimate Geography*, Anchor, 2000.

Arrow, Kenneth J., Models of Job Discrimination, in A. H. Pascal, *Racial Discrimination in Economic Life*, Lexington Books, 1972.

Aumann, Robert J., War and Peace, Nobel lecture, 8 December 2005, http://www.nobelprize.org

Banerjee, Abhijit and Duflo, Esther, *Poor Economics: A Radical Rethinking of the Way to Fight Global Poverty*, Public Affairs Books, 2011.〔『貧乏人の経済学：もういちど貧困問題を根っこから考える』A・V・バナジー, E・デュフロ著、山形浩生訳、みすず書房、2012〕

Barker, Drucilla K. and Feiner, Susan F., *Liberating Economics: Feminist Perspectives on Families, Work and Globalization*, University of Michigan Press, 2004.

Bebchuk, Lucian, A., Cohen, Alma and Spamann, Holger, 'The Wages of Failure: Executive Compensation at Bear Stearns and Lehman 2000–2008', *Yale Journal on Regulation*, vol. 27, 2010.

Becker, Gary S., *A Treatise on the Family*, Harvard University Press, 1991.

Becker, Gary S., 'Human Capital, Effort and the Sexual Division of Labor', in J. Humphries, ed., *Gender and Economics*, Edward Elgar Publishing, 1995.

Becker, Gary S., *The Economic Approach to Human Behavior*, University of Chicago Press, 1978.

Becker, Gary S., *The Economics of Discrimination*, University of Chicago Press, 1957.

Becker, Gary S., The Economic Way of Looking at Life, Nobel lecture, 9 December 1992, http://home.uchicago.edu/gbecker/Nobel/nobellecture.pdf

Bereby-Meyer, Yoella and Fisk, Shelly, *Is Homo Economicus a Five Year Old?*, Ben Gurion University of the Negev, 2009.

Binswanger, Hans Christoph, *Money and Magic: A Critique of the Modern Economy in the Light of Goethe's Faust*, University of Chicago Press, 1994.〔『金と魔術：『ファウスト』と近代経済』ハンス・クリストフ・ビンスヴァンガー著、清水健次訳、法政大学出版局、1992〕

Booth, Alison, Cardona-Sosa, Lina and Nolen, Patrick: 'Gender Differences in Risk Aversion: Do Single-Sex Environments Affect Their Development?' *Journal of Economic Behavior and Organization*, vol. 99, pp. 126–54, March 2014.

Brockway, George P., *The End of Economic Man: Principles of Any Future Economics*, W. W. Norton & Company, 1996.

クレジット

Becker, Gary, text taken from Becker's Nobel lecture copyright © The Nobel Foundation 1992.

Bergmann, Barbara R., *The Task of Feminist Economics: A More Equitable Future.* Copyright © Indiana University Press, Bloomington 1987. Reproduced with the kind permission of Indiana University Press.

Ehrenreich, Barbara, 'Clitoral Economics'. Copyright © *Huffington Post,* 2012.

Maynard, John Keynes, *Essays in Persuasion.* Copyright © W.W. Norton & Company, New York 1963.

Stigler, J.G., *History of Political Economy.* Copyright © Duke University Press, Durham 1990.

Stockman, David, *The Triumph of Politics: Why the Reagan Revolution Failed.* Copyright © Harper & Row, New York 1986.

Wei, Wu Wei, *Ask the Awakened: The Negative Way.* Copyright © Sentient Publications, 2003. Reproduced with the kind permission of Sentient Publications.

人名索引

カトリーン・マルサル
Katrine Marçal

スウェーデン出身、英国在住のジャーナリスト。スウェーデンの大手新聞 Dagens Nyheter 紙記者。政治、経済、フェミニズムなどの記事を寄稿するほか、ミシェル・オバマへの単独インタビューを担当。またスウェーデンのニュースチャンネル EFN でナシーム・ニコラス・タレブやスティーブ・アイズマンといった経済界の名だたる重鎮へのインタビューを手がける。2015 年、BBC の選ぶ「今年の女性 100 人」に選出。経済と女性、イノベーションについて TEDx などで講演をおこなっている。本書は世界 20 か国語に翻訳され、ガーディアン紙のブック・オブ・ザ・イヤー(2015 年)に選出された。近刊 *Mother of Invention: How Good Ideas Get Ignored in an Economy Built for Men*。

高橋璃子
Rico Takahashi

翻訳家。京都大学卒業。ラインワール応用科学大学修士課程修了(MSc)。訳書に『エッセンシャル思考』『スタンフォード大学で一番人気の経済学入門』(かんき出版)、『GDP〈小さくて大きな数字〉の歴史』(みすず書房)、『ブロックチェーン・レボリューション』(ダイヤモンド社)、『ウォール街の物理学者』(早川書房)などがある。

Katrine Marçal:
WHO COOKED ADAM SMITH'S DINNER?:
A Story About Women and Economics

First published (without the introduction and epilogue) in Swedish as *Det enda könet : Varför du är förförd av den ekonomiske mannen och hur det förstör ditt liv och världsekonomin* by Albert Bonniers Förlag, Sweden, in 2012.
Published by agreement with the Kontext Agency.

This Japanese edition is translated from the English edition translated by Saskia Vogel
and published by Portobello Books, London UK, 2015.
Japanese translation rights arranged with KONTEXT AGENCY through Japan UNI Agency, Inc., Tokyo

アダム・スミスの夕食《ゆうしょく》を作《つく》ったのは誰《だれ》か？
これからの経済《けいざい》と女性《じょせい》の話《はなし》

2021年11月20日　初版印刷
2021年11月30日　初版発行

著　者　カトリーン・マルサル
訳　者　高橋璃子
発行者　小野寺優
発行所　株式会社河出書房新社
〒151-0051
東京都渋谷区千駄ヶ谷2-32-2
電話 03-3404-1201（営業）
03-3404-8611（編集）
https://www.kawade.co.jp/
組　版　KAWADE DTP WORKS
印刷・製本　三松堂株式会社

Printed in Japan
ISBN978-4-309-30016-0